Fische

20. Februar–20. März

P. Michel/A. Wagner

Fische

20. Februar–20. März

tosa

Inhalt

Vorwort 6
Einleitung 8
Das Grundwissen 8

Kapitel 1: Grundsätzliches über die Fische 18
Die Fische im Tierkreis 20
Die empfindsamen Fische 21
Die Fische und ihre Mitmenschen 26
Wie lebt man mit einem Fisch 30
Die Fische und ihr Lebensstil 35

Kapitel 2: Die Fische im Beruf 38
Begabungen und Talente 40
Abneigungen 44
Vorgesetzte und Mitarbeiter 47
Selbstständigkeit 51

Kapitel 3: Die Fische und die Liebe 56
Der Verständnisvolle und die Romantikerin 58
Der Fische-Mann 64
Die Fische-Frau 69
Die Fische und ihre Beziehungen 74
Sexualität: Der Fische-Mann 86
Sexualität: Die Fische-Frau 89

Kapitel 4: Gesundheit 92
Allgemeine Ratschläge 94
Die Schwachzonen der Fische 96
Ein guter Rat an die Fische 99
Sanfte Heilweisen für die Fische 101

Kapitel 5: Essen und Trinken 106
Die Fische in der Küche 108
Die Fische und ihre Gäste 110
Die Lieblingsgerichte der Fische 113
Wie ich einen Fisch verwöhne 115
Genießer oder Asket 117

Kapitel 6: Kinder 118
Mein kleiner Fisch 120
Die Schulzeit 126
Fische-Kinder und ihre Spielgefährten 128

Kapitel 7: Freizeit 130
Die Reiseländer der Fische 132
Die Fische und ihre Hobbys 134

Kapitel 8: Der Mond und die Tierkreiszeichen 136
Allgemeines über den Mond 138

Kapitel 9: Berühmte Fische 154
Berühmte Frauen 156
Berühmte Männer 157

Die Autoren 159

Vorwort

Wenn Sie jetzt dieses Buch in Händen halten, so sind Sie höchstwahrscheinlich ein Fisch oder zumindest am Sternzeichen Fische interessiert. Vielleicht leben Sie eine romantische Beziehung mit einem Fisch oder möglicherweise ist Ihr Chef ein Fisch. Zumindest möchten Sie etwas mehr über das Zeichen Fische erfahren.

Es ist immer eine spannende Angelegenheit, etwas über sich selbst oder einen anderen Fisch zu erfahren. Die nachfolgenden Seiten wollen Ihnen einen Gesamtüberblick über die vielfältigen Seiten der Fische vermitteln. Wenn Sie selbst ein Fisch sind, haben Sie sich wahrscheinlich ohnehin schon über das Inhaltsverzeichnis mit dem Buch vertraut gemacht. Trotzdem sollte das Buch bei der Lektüre noch einige Überraschungen für Sie bereithalten. Vielleicht wird es Sie auch das eine oder andere Mal zum Schmunzeln bringen. Das ist so beabsichtigt!

Das ***Sternzeichen*** eines Menschen zeigt uns dessen bestimmte Merkmale auf, es kann allerdings kein vollständiges Bild einer Persönlichkeit liefern. Dazu bedarf es eines umfassenden Horoskops.

Es wird Ihnen sicher schon aufgefallen sein, dass es auch innerhalb eines Sternzeichens unterschiedliche Menschen gibt. Das zeigt uns, dass man nicht alle Widder, Stiere oder Jungfrauen über einen Kamm scheren kann. Trotzdem lassen sich viele verblüffende Ähnlichkeiten feststellen, die viel zu eindeutig sind, um als Zufall erklärt zu werden. Bestimmte Muster kehren innerhalb eines Sternzeichens immer wieder. Deshalb lohnt es sich, etwas mehr über die verschiedenen Aspekte eines Sternzeichens zu verstehen. Wenden wir uns also der geheimnisvollen Welt der Fische zu.

Einleitung

Gehören auch Sie zu jenen Menschen, die zwar ihren Freunden und Kollegen gegenüber stets betonen, nichts von dieser „Sterndeuterei" zu halten, aber heimlich doch fast jedes Illustriertenhoroskop lesen? Natürlich nur zum Spaß!

Wir vermuten einmal, Sie haben ein gewisses Interesse an der Astrologie, kennen sich aber noch nicht sehr gut aus. Daher sind die nachstehenden Gedanken über die Wissenschaft der Astrologie für Sie vielleicht hilfreich, um Ihnen zumindest Grundkenntnisse der alten Sternenweisheit zu vermitteln. Außerdem versprechen wir Ihnen mehr Freude am Lesen als bei den etwas eintönigen Zeitschriften-Horoskopen!

Wenn Sie zu den Befürwortern der Astrologie gehören – und ihre Zahl nimmt bekanntlich ständig zu – werden Sie mit diesem Buch endlich genügend Argumente in die Hand bekommen, um Ihren Freunden und Kollegen zu beweisen, warum sich die Widder-Frau aus der Buchhaltung mit dem Jungfrau-Abteilungsleiter so in die Haare bekommen konnte.

Das Grundwissen

Normalerweise weiß jeder Mensch, zu welchem Sternzeichen er gehört. Das Tierkreiszeichen richtet sich nach dem Stand der Sonne zum Zeitpunkt Ihrer Geburt. Wenn Sie also beispielsweise am 10. März geboren sind, gehören Sie, astrologisch gesprochen, zu den Fischen. Denn an diesem Tag stand die Sonne im Zeichen der Fische. Wurden Sie dagegen am 10. April geboren, sind Sie astrologisch ein Widder. Sie finden normalerweise ganz schnell heraus, zu welchem Zeichen Sie gehören, es sei denn, Sie fallen genau in den Wechsel zwischen zwei Zeichen, dann kann es von Bedeutung sein, Ihre Geburtsstunde genau zu ermitteln und einen Astrologen zu befragen, zu welchem Zeichen Sie gehören.

Der Sonnenstand, also Ihr Sternzeichen, gibt Ihnen Auskunft darüber, wie Sie „in Ihrem Inneren" wirklich sind. Die Astrologie, wenn sie ernsthaft betrieben wird, vermag natürlich weitaus mehr über die Persönlichkeit eines Menschen auszusagen, aber wir wollen es in diesem Buch einmal beim Sonnenstand, dem Sternzeichen und dem Stand des Mondes bewenden lassen. Als Hinweis für die etwas Fortgeschritteneren unter den Lesern sei nur erwähnt, dass der „Aszendent" zum Ausdruck bringt, wie Sie der Umwelt gegenüber erscheinen, während die Stellung des Mondes, auf die wir im Kapitel 8 näher eingehen, im Horoskop wesentlich für Ihr Seelenleben und Ihre Gefühlswelt ist.

Es ist keine große Mühe, den Aszendenten und die Stellung des Mondes im Horoskop zu ermitteln. Selbst ein Astrologieautomat am Bahnhof oder Flughafen druckt Ihnen schnell diese Daten aus, wenn Sie ihn mit Ihrem Geburtsdatum und Ihrem Geburtsort füttern. Mit unserer Sternzeichen-Serie haben Sie dann das Werkzeug in der Hand, um mehr über sich selbst zu erfahren.

Die Geschichte der Astrologie

Das Wort „Astrologie" setzt sich aus den beiden griechischen Wörtern „Astron" (Stern) und „Logos" (Wort, Weisheit) zusammen. Wenn man es wörtlich übersetzen möchte, könnte man von der „Sprache der Sterne" oder besser von der „Sternenweisheit" sprechen.

Das wichtigste Grundwerkzeug für die Astrologie ist das Horoskop, ein weiteres Wort aus dem Griechischen, das am treffendsten mit „Stundenzeiger" übersetzt wird. Im Horoskop wird nach astronomischen Grundsätzen die Stellung der Gestirne im Augenblick der Geburt aufgezeichnet. Da es einige schnell laufende Planeten gibt, können manchmal wenige Minuten ein deutlich verändertes Horoskop ergeben. Es ist daher für eine eindeutige astrologische Deutung wichtig, möglichst genau die Geburtszeit zu ermitteln. Sollten also demnächst einige dieser Sternenkinder bei Ihnen vorbeischauen, versuchen Sie auch in der Aufregung der Geburt mit einem Auge auf die Uhr zu schauen. Sie werden später dafür dankbar sein – und Ihre Kinder auch!

Die Ursprünge

Die Anfänge der Astrologie verlieren sich im Dunkel der Geschichte. Zu allen Zeiten hat das sternenübersäte Himmelszelt die Menschen mit Ehrfurcht erfüllt. Viele Religionen haben sogar Gott oder die Götter am Sternenhimmel angesiedelt, denn die Menschen suchten stets nach einem „sichtbaren" Ausdruck dieser verborgenen Kräfte, von deren Wirken sie nichts wussten.

Die Babylonier, etwa im 4. Jahrtausend v. Chr., scheinen die Ersten gewesen zu sein, die sich die Frage stellten, ob die Bewegung der Gestirne möglicherweise eine verborgene Botschaft der Götter darstellte. Also begannen sie, die Bewegung der Lichter am Sternenhimmel aufzuzeichnen – und sie stellten eine gewisse Regelmäßigkeit fest. Was lag also näher, als die Gesetzmäßigkeiten festzuhalten. So entstand der erste Kalender!

Die Ägypter, von deren tiefem Wissen heute nur noch die Pyramiden und einige alte Tempelruinen Zeugnis ablegen, waren historisch die Nächsten, etwa 2500 v. Chr., die sich in die Deutung der Gestirne vertieften. Sie kleideten ihr Wissen in Mythen und Sagen, aber die eingeweihten Priester vermochten diese zu deuten und ihren tiefen Sinn zu entschlüsseln. Zu jener Zeit war das astrologische Wissen nur wenigen Eingeweihten vorbehalten.

Wenn C. G. Jung, der große Psychologe, später diese Sternenweisheit als den „symbolischen Ausdruck für das innere, unbewusste Drama der Seele" bezeichnete, so fand er nur neue Worte für ein altes Wissen.

Nach den Ägyptern kamen die Griechen. Auch sie versuchten, die Beobachtung des Sternenhimmels zum Erkennen des Schicksals heranzuziehen. Die große griechische Kultur gab der Astrologie, wie auch der gesamten abendländischen Kultur, ihre im Wesentlichen heute noch gültige Form. Sie befinden sich also, wenn Sie die Astrologie ernst nehmen, in bester Gesellschaft!

Die Geburtsastrologie

Die Griechen waren es, die erkannten, dass auch die unregelmäßigen Vorgänge am Sternenhimmel, die scheinbar „unberechenbaren“ Bewegungen der Gestirne, die den Babyloniern als „Omen“ gegolten hatten, bestimmten Gesetzmäßigkeiten gehorchten und daher vorausberechenbar waren. Von diesem Augenblick an verlor die Anschauung, dass die Götter den Menschen so ein Zeichen geben wollten, ihre Anhänger. Die alten Sterndeuter begannen, eine individuelle Geburtsastrologie zu entwickeln.

Wichtig für das Verständnis der modernen Astrologie wurde in diesem Zusammenhang ein Satz von Thomas von Aquin: „Die Sterne machen geneigt, aber sie zwingen nicht!“ Diese Erkenntnis setzte sich in weiten Kreisen allmählich durch und findet auch heute immer mehr Anhänger. Damit wird für den einzelnen Menschen deutlich, welche Bedeutung das astrologische Wissen für ihn besitzt. Es hilft ihm, Anlagen, Neigungen, Begabungen oder Talente zu erkennen und zu fördern. Gleichzeitig kann ihn die Astrologie auf Schwächen, Gefährdungen oder problematische Neigungen hinweisen. Immer aber bleibt es in der Verantwortung des einzelnen Menschen, sein Leben selbst in die Hand zu nehmen!

Die Tierkreiszeichen im Laufe eines Jahres

Der ***Widder***, das erste Zeichen im Tierkreis, steht für den drangvollen, stürmischen Beginn des Frühlings. Da mit der Frühlings-Tagundnachtgleiche etwas Neues beginnt, setzten die Astrologen der Antike den Widder an die erste Stelle im Tierkreis. Der Winter wird kraftvoll vertrieben. Alles kommt natürlich viel zu früh. Die Krokusse stecken schon ihre Köpfchen durch die Erde, wenn noch Schneeflocken durch die Luft wirbeln. Aber so ist es ja immer beim Widder. Er ist nicht zu bremsen, und schließlich überwindet er ja auch Schnee und Eis und verhilft dem Frühling zum Durchbruch.

Dann kommt der ***Stier*** und bringt den Frühling in voller Pracht zum Ausdruck. Der „Wonnemonat" Mai beginnt. Es ist eine Zeit der Sinnlichkeit und der Hingabe. Menschen vertrauen einander, sind gutmütiger als normal; aber sie sind auch stärker materiell ausgerichtet. Alles wird etwas gelassener und langsamer.

Als Letzte im Frühling treffen wir die ***Zwillinge***. Mit ihnen geht der maienhafte Frühling und die Baumblüte setzt ein. Die Verästelungen bilden sich und alles wird komplizierter. Aber die Zwillinge bringen auch Wachstum, Zergliederung und Oberflächlichkeit.

Der *Krebs* kommt mit der Sommersonnenwende. Der Sommer beginnt. Die Tage sind am längsten, die Nächte nur kurz. Die Wachstumskräfte treten nach außen und die Samenbildung beginnt. Die Empfindsamkeit und die Empfindlichkeit nehmen zu, aber auch die Empfänglichkeit und das Schwankende. All dies werden Sie beim Sternzeichen Krebs wiederfinden!

Den *Löwen* finden wir in der Mitte des Sommers. Die Früchte werden reif und die Sonne durchglüht die Erde. Es ist die heißeste Zeit des Jahres und die Natur erstrahlt in sommerlicher Fülle. Herzens- und Willensmenschen sind jetzt in ihrem Element. Alles strotzt vor Selbstbewusstsein, Großzügigkeit und überschäumender Lebenskraft.

Mit der *Jungfrau* geht der Sommer zur Neige. Der Himmel ist strahlend klar und blau. Die Erntezeit beginnt. Die Natur stellt sich auf den Beginn eines neuen Lebenszyklus ein. Jetzt geht es um das Ordnen, Sichten und Unterscheiden. Eine sachliche Einstellung ist wichtig, um die Ernte wohlbehalten einzubringen. Es ist von entscheidender Bedeutung, vorsichtig vorzugehen. Man darf nicht zu früh und nicht zu spät ernten. In diesem Geschehen kann eine gewisse Ängstlichkeit heranwachsen.

Mit der ***Waage*** beginnt der Herbst. Tage und Nächte sind gleich lang. Die Winterhälfte des Jahres hält ihren Einzug. Noch halten sich sommerliche Wärme und winterliche Kälte das Gleichgewicht, und noch immer ist der Himmel hell und freundlich. Die Waage bringt zudem eine wahre Blumenpracht mit sich. Die Sonnenuntergänge zeigen ein herrliches Lichtspiel und das Streben nach Harmonie ist besonders ausgeprägt. Ein großer Schaffensdrang steht in Konflikt mit mangelnder Durchsetzungskraft. Dafür finden wir bei der Waage ein feines Anpassungsvermögen.

Der ***Skorpion*** ist der „Todesmonat". Er bringt steigende Morgen- und Abendnebel. Das letzte Laub fällt von den Bäumen. Der Skorpion hinterlässt kahle Bäume; aber dennoch zeigen sich an einigen Ästen bereits wieder zarte Knospen. Es ist eine Zeit des Sterbens und Werdens. Der Skorpion ist zäh und ausdauernd. Er bringt alle Dinge schnell auf den Punkt. Bei ihm finden sich offene Aggressivität und leidenschaftliche Hingabe sowie ein grüblerischer Erkenntnistrieb.

Mit dem *Schützen* neigt sich der Herbst dem Ende zu. Der Winter sendet seine Vorboten über das Land. Der Todesschlaf der Natur kündigt sich bereits an. Die Dämmerungen bringen eine gewisse Schwermütigkeit; aber die Vorweihnachtszeit schenkt etwas Licht. Die Felder sind kahl und verlassen, die Beete abgeerntet und die Gärten leer. Die Stimmung des Schützen ist jedoch voller Idealismus, und deshalb haben es wohltätige Veranstaltungen in der Adventszeit leichter! Religion und Sinnsuche streben ihrem Höhepunkt zu.

Der *Steinbock* bringt das Weihnachtsfest und die Wintersonnenwende. Die längsten Nächte des Jahres sind zu überstehen. Das Licht kämpft mit der Finsternis, um neu ins Leben zu treten. In der Natur herrscht völlige Lebensstarre. Die Welt ist von Eis und Schnee bedeckt. Die Luft ist schneidend und von klirrender Kälte.

Der Steinbock kämpft sich jedoch mit unermüdlicher Beharrlichkeit durch. Wir finden zudem Entsagung, Konzentrationsfähigkeit und Sachlichkeit bei ihm, die allerdings mit Teilnahmslosigkeit und Hochmut einhergehen können.

Im *Wassermann* steht der Winter in voller Blüte. Alles Leben ist unter Schnee und Eis verborgen. Am Tage kann die Wintersonne hell blenden, in der Nacht sind die Sterne klar zu erkennen. Es ist die kälteste Zeit des Jahres. Die weiße Schneedecke vermittelt ein Gefühl von Freiheit und Unbegrenztheit. Dem Wassermann sind gesellschaftliche Normen unwichtig; er lebt seinen totalen Freiheitstrieb.

Im Zeichen der *Fische* geht der Winter in den Frühling über. Die Fastenzeit beginnt und die Schneeschmelze setzt ein. Alles Erstarrte löst sich und alles Tote wird zu neuem Leben erweckt. Der Erdboden weicht auf und der menschliche Körper wird verwandelt. Im Zeichen der Fische kommt es auch zu den meisten Todesfällen! Die Fische neigen zudem zu einer Flucht aus der realen Welt. Unter den Fischen finden wir allerdings auch viele Gemütsmenschen mit echter Nächstenliebe.

Damit ist unsere kurze Wanderung durch die Tierkreiszeichen abgeschlossen und wir können uns jetzt genauer mit dem zwölften Zeichen beschäftigen – den Fischen.

Kapitel 1

Grundsätzliches über die Fische

Die Fische im Tierkreis

Das Zeichen

Die Fische sind ein Wasser-Zeichen. Sie sind das zwölfte Zeichen im Tierkreis und erstrecken sich im Kalenderjahr vom 20. Februar bis zum 20. März.

Das Zeichen und der Planet

Den Fischen wird der Planet Neptun zugeordnet, der römische Gott des Meeres.

Das Zeichen und der Edelstein

Den Fischen wird der Mondstein sowie die Metalle Platin, Zinn und Titan zugeordnet.

Das Zeichen und seine Farbe

Die Fische bevorzugen naturgemäß sehr zarte Farbtöne. Besonders charakteristisch für dieses Sternzeichen ist ein sanftes Meergrün.

Das Zeichen und seine Tiere

Dem Sternzeichen Fische werden, wie sollte es anders sein, die Fische und alle wasserliebenden Säugetiere zugeordnet. Es wird sich noch zeigen, auf welche Weise manche Eigenarten der Fische auch beim Sternzeichen Fische anzutreffen sind.

Die empfindsamen Fische

• Der Goldfisch

Die Analogie zum Tierreich lässt sich für das Sternzeichen Fische in einem einfachen Beispiel darstellen. Versuchen Sie einmal, einen schillernden, wunderschönen Goldfisch mit der Hand zu fangen. Bei dem vergeblichen Unterfangen gewinnen Sie ein Gefühl dafür, wie ein im Zeichen der Fische geborener Mensch ist.

• Der Hauch des Geheimnisvollen

Fast alle Menschen, die im Sternzeichen der Fische das Licht der Welt erblickten, leben mehr oder weniger in ihrer eigenen Welt. Dieser eigene Innenraum hindert sie aber in keiner Weise, sich als sehr anpassungsfähige Wesen zu geben.

Trotzdem sind nahezu alle Fische-Menschen von einem Hauch des Geheimnisvollen umgeben, der sie schwer durchschaubar wirken lässt.

• Im Reich der Fantasie

Die Fische werden in der Astrologie als die großen Träumer des Tierkreises angesehen. Sie verfügen über eine enorme Fantasie und eine ausgeprägte Vorstellungskraft. Manchmal gewinnt ihre Umgebung den Eindruck, als sei der Fisch niemals wirklich ganz anwesend. Dieser Eindruck täuscht in vielen Fällen nicht; denn Fische besitzen durchaus die Fähigkeit, praktisch ganz in ihrer ureigenen Fantasiewelt zu leben.

Da und doch nicht da

Die Fische tragen alle Möglichkeiten in sich, denn alles erscheint ihnen richtig und vorstellbar. Daher ist ihnen die Fähigkeit in die Wiege gelegt, sich selbst in die „unmöglichsten" Situationen einzufühlen und den seltsamsten Gegebenheiten anzupassen.

Wenn man Fische-Menschen dann jedoch genauer beobachtet, wird man feststellen, dass sie häufig zwar physisch anwesend sind, aber dabei von ihren Mitmenschen selten ganz zu fassen oder zu begreifen sind. Es hat fast den Anschein, als wären sie da und doch nicht da.

Ein Phänomen, das ganz typisch für alle Fische ist.

Alles ist relativ!

Wenn man für die Fische einen Lieblingsspruch wählen wollte, so könnte er lauten: „Alles ist relativ!"

Fische neigen in den seltensten Fällen zu absoluten Positionen. Für sie gibt es nicht nur die eine oder die andere Seite, schwarz oder weiß. Für einen Fisch durchdringt sich alles, was existiert, und alles hat in diesem geheimnisvollen Geschehen seine Berechtigung.

Das große Rätsel

Fische sind keine eindimensionalen Wesen. Ganz im Gegenteil; sie verfügen über eine solche Vielfalt in ihrer Persönlichkeit, dass es vielen Menschen große Schwierigkeiten bereitet, einen Fisch in irgendein Modell von Wirklichkeit einzuordnen.

Nicht selten bleiben Fische selbst ihren guten Freunden ein einziges großes Rätsel. Kaum meinen sie, sich diesem Rätsel „Fisch“ genähert und es zumindest teilweise gelöst zu haben, da ist schon wieder eine neue Rätselfrage hinzugekommen und die Jagd nach der Antwort beginnt wieder von vorne.

Die große Sehnsucht

Fische werden selten fest in dieser rauen Wirklichkeit verankert sein. Sie sehnen sich im Grunde ihres Wesens nach einer anderen Realität, in der sie ihr wirkliches Zuhause, ihre eigentliche Heimat vermuten.

Dabei muss natürlich auch der Fisch letztlich erkennen, dass diese Sehnsucht eben eine Sehnsucht ist, die zum einen die Menschen in seiner Umgebung nicht nachempfinden können und die zum anderen durch die nüchterne Wahrheit des täglichen Lebens konfrontiert wird.

Das Wasser-Labyrinth

Die Welt ist für die Fische so unendlich vielfältig, dass sie sich mitunter wie in einem Wasser-Labyrinth vorkommen, in dem sie allerdings den Faden verloren haben und den Ausgang nicht mehr finden.

So hinterlassen sie den Eindruck, als ob sie verwirrt umherschwimmen würden, ganz verloren in ihre eigenen Träumereien und Sehnsüchte. Immer auf der Suche nach dem Faden, der sie wieder den Weg aus dem Labyrinth finden lässt.

Die Gefühlstiefe

Die im Sternzeichen der Fische geborenen Menschen verfügen über eine schier unergründliche Gefühlstiefe. Sie können sich in nahezu jeden Menschen hineinversetzen und so Zugang zu seinem Wesenskern gewinnen. Aus diesem tiefen Verstehen heraus entwickeln Fische dann ein ungeheures Mitgefühl. Im Extremfall kann dies so weit gehen, dass sie dazu neigen, sich ganz im anderen aufzulösen.

Die unzähligen Masken

Fische verfügen über eine unbegrenzte Anzahl von Gesichtern, die sie ganz nach ihrem Belieben und Gutdünken aufzusetzen in der Lage sind.

So kann es Ihnen mit einem Fisch widerfahren, dass er gerade noch introvertiert und verschlossen auf Sie wirkte; und im nächsten Augenblick springt er auf und gibt den großen Witzereißer, der die ganze Abendgesellschaft unterhält. Beim Fisch scheint nahezu alles möglich zu sein.

Nur der Zuschauer, der nicht hinter die Masken zu schauen vermag, bleibt verwirrt zurück auf der Bühne des Lebens!

Zwischenwelten

Fische zählen zu den außerordentlich leicht beeinflussbaren Geschöpfen. Sie leben nicht ganz in dieser Welt und sind immer bereit, durch unbekannte Tore in andere Dimensionen einzutreten.

Ihre Faszination für diese Zwischenwelten macht die Fische anfällig für den schnellen Trip in eine Zwischen-(Unter-?)Welt. So wird es nicht verwundern, dass bedauerlicherweise überdurchschnittlich viele weibliche Fische drogenabhängig geworden sind.

Das Wechselbad der Gefühle

Das Gefühlsleben der Fische ist so tief und exzessiv, dass sie sich in einem ständigen Wechselbad vorfinden. Befanden sie sich gerade noch in einem depressiven Tief, in dem alles Leben grau in grau erschien, so können sie schon Augenblicke später himmelhochjauchzend das Leben nur in den rosigsten Farben sehen. Beide Aspekte gehören ganz zu ihrem Wesen.

Fische sind es gewohnt, in diesen wechselnden Zuständen zu leben, aber ihre Freunde und Mitmenschen sind mit diesen Gegensätzen nicht selten restlos überfordert.

Die Fische in der Welt

Die nüchterne, sachliche, reale Welt ist für den Fisch sein „natürlicher Feind“. Trotzdem besitzt er die Fähigkeit, sich mit dieser Realität zu arrangieren; ohne dabei jedoch die wirklichen Verhältnisse aus den Augen zu verlieren.

Er schließt nur kurzfristige Kompromisse mit dem Gegner, um gleichzeitig schon die Augen offenzuhalten, wo der nächstbeste Fluchtweg in das Reich der Fantasie offensteht.

• Der realistische Fisch

Wenn man unter den im Zeichen der Fische geborenen Menschen einmal einen mit überaus realistischer Einstellung findet, so wird sich schon bald herausstellen, dass dahinter eine feinsinnige Seele steckt, die in sich eine tiefe Sehnsucht nach der Erlösung von allem Materiellen trägt. Um diese Sehnsucht zu stillen, ist sie bereit, sich zu opfern und vollständig aufzulösen.

Die Fische und ihre Mitmenschen

• Die großen Helfer

Fische zählen zu den ganz besonders hilfsbereiten Sternzeichen. Sie scheinen die Not anderer Menschen zu erahnen, ja geradezu zu wittern. Sie helfen daher sehr intuitiv und ohne langes Nachdenken. In ihrer großen Selbstlosigkeit erwarten sie zudem für ihre erbrachten Hilfeleistungen natürlich auch keine Gegenleistungen.

• Goldfisch oder Hai

Fische sind nicht selten für andere Menschen eine gewaltige Herausforderung. Ihr oftmals sehr launenhaftes Wesen, was ein grundlegender Wesenszug für alle Wasser-Zeichen ist, macht sie schwer einschätzbar.

Selbst wer einen Fisch gut kennt, weiß in letzter Konsequenz nicht, wer in der Fisch-Behausung gerade anwesend ist – der Goldfisch oder der Hai.

Mit der Flosse wedeln

Sie sitzen mit einem Fisch zusammen und er hört Ihnen so wunderbar zu, dass Sie ihn geradezu voller Bestätigung mit der „Flosse wedeln sehen“. Selten haben Sie sich so angenommen und verstanden gefühlt. Doch plötzlich erfolgt ein schneller Schlag mit der Schwanzflosse und der Fisch ist verschwunden (bildlich betrachtet!). Er hat sich wieder in seiner eigenen Welt verborgen. Selbst wenn er noch weiter im Gespräch mit Ihnen ist, bekommen Sie jetzt nur noch Phrasen und Standardsätze zu hören. Der eigentliche Fisch ist wieder einmal davongeschwommen!

Vertrautheit

Fische benötigen einen gefühlsmäßigen Bezug zu ihrem Gegenüber. Sie müssen sich angenommen fühlen und eine gewisse Vertrautheit verspüren. Alles andere bereitet ihnen Schwierigkeiten und sie werden versuchen, diesen aus dem Weg zu gehen.

Fische, die jenes Angenommensein vom anderen nicht wahrnehmen können, verlassen zumeist, zumindest innerlich, fluchtartig den Raum. Woraufhin ihr Gegenüber natürlich ein wenig ratlos zurückbleibt.

Fische im Gespräch

Für Fische ist das Atmosphärische von alles entscheidender Bedeutung. Um mit einem Fisch ins Gespräch zu kommen, wobei eine wirkliche Begegnung gemeint ist, muss die Atmosphäre stimmen – und zwar muss sie *fischmäßig* stimmen.

Für den Fisch ist das Gefühl von Sympathie und Gleichgestimmtheit unerlässlich für einen tieferen Dialog mit einem anderen Menschen.

Keine Erwartungshaltung

Wenn der Fisch in seinem Gegenüber ein echtes Interesse an seiner Person wahrnimmt, empfindet er dies als überaus wohltuend. Hier liegt ein Schlüssel zu seinem Wesen.

Dieser Sachverhalt sollte im Auge behalten werden, wenn es darum geht, einen im Zeichen Fische Geborenen zu verstehen; denn diese Menschen sind in der Tat anders als andere. Sie handeln oft aus so unergründlichen Motiven, dass der beste Weg zu einem wahrhaften Verständnis dieser so zart besaiteten Menschen darin besteht, sich von allen Erwartungshaltungen zu lösen. Wer sich freigemacht hat von bestimmten Erwartungen und eingefahrenen Vorstellungen, kann einem Fisch offen und aufgeschlossen begegnen. Die beste Voraussetzung, um Zugang zu diesen besonderen Geschöpfen zu finden!

Die grausame Realität

Die Fische, die großen Romantiker des Sternkreises, sehen sich immer wieder auf grausam harte Weise zurückgestoßen in die profane Wirklichkeit des Alltags. Träumerisch wie sie sind, vergessen sie ihre Rechnungen zu zahlen, bis schließlich der Gerichtsvollzieher vor der Tür steht. Diese Situation wiederum finden

Fische geradezu hässlich und völlig unverständlich. Wieso muss gerade ihnen so etwas Widerliches zustoßen?

Diese Wesen stehen immer mit mindestens einem Fuß in einer anderen Wirklichkeit. Auch wenn das reale Leben sie auffordert daran teilzunehmen, so erscheint es ihnen doch als ungeheure Härte, sich dieser nüchternen Realität zu beugen und einzuordnen.

• Der Spiegel des Lebens

Fische werden gerne ausgenutzt und in vielen Fällen übervorteilt. Sie sind einfach liebenswert, entgegenkommend und hilfsbereit. Sie wollen sich in den anderen einfühlen und bemerken dabei ihre eigenen Grenzen gar nicht mehr; bis es ein unerfreuliches Erwachen gibt.

Allerdings gibt es auch den Typ Fisch, der die harte Realität nur vortäuscht, um darin Halt zu suchen und Macht auszuüben. Er findet durch diese Vorgehensweise eine gewisse Sicherheit.

Fische sind verwirrende Wesen, die der menschlichen Natur den „Spiegel des Lebens“ vorzuhalten scheinen. Sie haben von allen Aspekten des Menschseins etwas, da keine Seite der menschlichen Natur ihnen unverständlich ist.

• Die Extremisten

Fische sind selten ausgeglichene Persönlichkeiten. Häufig neigen sie zu ausgesprochenen Extremen, da das Mittelmaß ihnen zutiefst unsympathisch ist.

Anders verhält es sich nur mit den Fischen, die sich absichtlich anpassen; aber auch in diesem Fall werden sie sich extrem anpassen. Der Weg der Mitte scheint für die Fische kein gangbarer zu sein!

Der Fisch in der Gesellschaft

Da Fische überaus anpassungsfähig sind, fehlt es ihnen selten am rechten Wort oder der rechten Geste am rechten Ort oder zur rechten Zeit. Das verleiht ihnen eine ausgesprochen charmante Erscheinung.

Trotzdem sollte man stets darauf achten, einen Fisch in der Gesellschaft mit einzubeziehen; denn in dieser Hinsicht ist er sehr empfindlich. Er will nicht untergehen, sondern er möchte Beachtung finden, in welcher Weise auch immer.

Wie lebt man mit einem Fisch

Mehr als einer

Im Zusammenleben mit einem Fisch kann man häufig von dem Gefühl überwältigt werden, nicht nur mit einem, sondern mit mehreren Menschen gleichzeitig zusammen zu sein. Die vielschichtige, von vielen Facetten bestimmte, schillernde Persönlichkeit der Fische ist manchmal unbegreiflich.

Dabei macht sie ihre Neigung, in einem Augenblick schwer zu leiden und im nächsten im Glück zu schwimmen, zu äußerst komplizierten, aber auch zu ausgesprochen interessanten Wesen.

Die Gelassenheit

Fische verfügen über die Fähigkeit, Schicksalsschläge ausgesprochen gelassen hinzunehmen. Sie bestätigen dem Fisch nur seine tiefe Erfahrung, dass alles vergänglich ist. Eine Erfahrung, mit der er zudem immer wieder in seinem Leben konfrontiert wird.

Für seine Nächsten oder seine Umwelt ist nicht immer leicht verständlich, in welcher Weise er alles hinnimmt, was ihm widerfährt.

Der Fisch hängt nicht am Leben, im ursprünglichen Sinne des Satzes. Alles ist in seinen Augen dem Wandel unterworfen. Man könnte geneigt sein, die Fische als die „Buddhisten des Tierkreises“ zu bezeichnen.

Leben unter Wasser

Ein Fisch ist nicht in gleichem Maße begrenzt wie andere Menschen, sodass ihm daher jede Reaktion seines Nächsten verständlich ist. In gewisser Weise lebt er unter Wasser; und hier stellt sich vieles ganz anders dar. In seinem Element werden für den Fisch die Laute leiser und das Sehvermögen bekommt einen zarten Schleier. Auf dieser Ebene nimmt für den Fisch alles Leben ein etwas verändertes Aussehen an.

Der laute Fisch

Wenn der zarte Fisch plötzlich einmal in sein anderes Extrem umschlägt, hinterlässt dies grenzenlose Verblüffung. Plötzlich wird er laut und stößt sein Gegenüber vor den Kopf. Auch dieses Verhalten hängt mit seiner Grenzenlosigkeit zusammen. Wenn es geschieht, darf man sich nicht wundern, sondern sollte nur feststellen, dass man eine weitere Facette des Fisches kennengelernt hat.

Nicht die Zuverlässigsten

Die im Zeichen der Fische geborenen Menschen zählen nicht unbedingt zu den allerzuverlässigsten. Wer darauf Wert legt, dass sein Partner immer zur rechten Zeit am rechten Platz ist, sollte vielleicht doch lieber einen Bogen um die Fische schlagen.

Die ganz soliden Lebensgefährten sucht man dann doch lieber in anderen Sternzeichen, nicht gerade bei dem Verwandlungskünstler Fisch.

Die Traumwelt

Wenn die Fische sich auf die Suche nach der großen Veränderung begeben, so heißt dies, sie begeben sich auf die Suche nach der Welt ihrer Träume. In diesem Reich, ihrer wahren und einzigen Wirklichkeit, möchten sie sich mit ihrem Partner bewegen und aufhalten.

Nun müssen leider auch die Fische feststellen, dass dies ein fast unmögliches Unterfangen ist. So stellen sie fest, dass kaum jemand ihnen auf ihrem Weg zu folgen vermag. Sie fliehen in ihre Unterwasserwelt und tragen doch die Sehnsucht nach dem anderen (der anderen) mit sich herum. So tauchen sie wieder auf und geben sich die Tarnung, auch im realen Leben zu stehen. Aber wie gesagt, ihre Partner dürfen niemals vergessen, diese Lebenseinstellung ist nichts als eine geschickte Vortäuschung einer falschen Wirklichkeit.

• Die dunkle Seite

Fische sind so sehr geneigt, alles aufzugeben und sich in auflösender Form zu zeigen, dass ihre Schattenseiten in den Hintergrund zu rücken scheinen. Doch wer so sehr idealisiert, kann darauf warten, dass die Schatten nur darauf lauern, ins helle Tageslicht zu springen. So treten sie dann auch ganz plötzlich auf, in Form von Unbeherrschtheit oder Eitelkeit. Hand in Hand mit ihnen kann dann auch der Wunsch nach Macht gehen; und in diesem Fall stellen die Fische eine echte Herausforderung für ihre Nächsten dar.

• Dämon und Kuscheltier

Es gibt sicher weitaus einfachere Dinge, als mit einem im Zeichen der Fische Geborenen zusammenzuleben. Sie sind die Wesen, in denen die unglaublichsten Gegensätze schlummern. Hier regiert das Genie neben dem Tyrannen; und das sanfte, liebenswürdige Kuscheltier liegt Seite an Seite mit dem Dämon.

Immer ist die eigene Welt des Fisches vorherrschend, auch wenn er sich absolut aufgibt. Er gibt sich so auf, dass er mit dem anderen verschmilzt. Aber dann ist er eben in ihm!

• Die Wohnung als Insel

Die empfindlichen Fische benötigen unbedingt das harmonische Heim, das ihnen Schutz bietet vor den Widrigkeiten und Gefahren der großen weiten Welt. Für sie ist ihre Wohnung oder ihr Haus eine Insel im großen Ozean des Lebens.

Das Zuhause eines Fisches muss keinen großen Luxus aufweisen, aber es muss eine Schutzburg sein, die ihn aufnimmt, wann immer er der Ruhe und der Zurückgezogenheit bedarf.

Die Distanz

Aufgrund ihrer Verletzlichkeit können sich die Fische oftmals einen Anstrich von kühler Unnahbarkeit geben. Sie halten dadurch einen Sicherheitsabstand ein, den sie als notwendig empfinden. Nur durch liebevolles, verständiges Werben kann diese Schutzmauer durchbrochen werden. Dieses Vorgehen erfordert nicht selten ungeheure Geduld und ist wahrlich nicht immer leicht. Immer aber ist es lohnenswert!

Die ureigene Welt

So sehr sich ihre Freunde und Partner auch bemühen mögen, das Wesen ihres Fisches zu verstehen, so wird es doch immer tief verborgene Schichten geben, die ihnen unbegreiflich bleiben werden.

In diesem stillen Reich hütet der Fisch, manchmal ohne es selbst wirklich in allen Aspekten zu wissen, seine ureigene Welt. Das Traumreich des Fisches!

Die Fische und ihr Lebensstil

Flucht aus der Wirklichkeit

Die großen Träumer und Romantiker des Tierkreises zeichnen sich in nicht wenigen Fällen gerne durch eine ausgeprägte Realitätsflucht aus. Ihr Leben weist immer wieder eine ganz spezielle Note aus; und diese Note heißt Verwandlung.

Da es sich im Leben, auf Dauer gesehen, als eher problematisch erweisen wird, wenn man immer vor der Wirklichkeit davonläuft, wäre den Fischen dringend zu raten, eine Möglichkeit in ihrem Leben zu schaffen, um ihre Träume und Fantasien in irgendeiner Weise in der äußeren Welt zum Ausdruck zu bringen.

Fische müssen lernen, ihre Utopien und Sehnsüchte, zumindest in Ansätzen, in der Realität zu manifestieren!

Die Harmoniebedürftigen

Mehr als die meisten anderen Sternzeichen hassen Fische Konflikte und Streitereien. Sie sind zumeist gar nicht fähig, sie überhaupt auszuhalten. Selbst wenn man davon ausgeht, dass sie physisch anwesend bleiben müssen, so entfernen sie sich doch innerlich zumindest um einige Lichtjahre. Dies ist für sie der einzige Weg, um aus der gespannten Situation zu entfliehen.

Es bleibt für sie nur zu hoffen, dass sie nicht doch eines Tages die Wirklichkeit vorbehaltlos einholt.

Die Weltmeister der Ausreden

Wenn sich ein Konflikt zugespitzt hat und die Fische werden von ihren Partnern, Freunden oder Gefährten wirklich zur Rede gestellt, so sind sie bereit und in der Lage, eine wahre Flut an Erklärungen zu liefern, warum etwas so oder so gewesen ist oder hätte sein sollen.

Fische reden und reden und reden und reden. Aber zum guten Schluss sind alle, außer natürlich den Fischen selbst, genauso klug wie zuvor. Ein Zustand, mit dem wohl nur die Fische selbst zufrieden sein werden.

Die künstlerische Ader

Fische verfügen über ein feines Auge, ein ästhetisches Empfinden und einen guten Geschmack. Dies alles zusammen trägt dazu bei, eine ausgesprochen künstlerische Ader in ihnen freizulegen. Besonders zeigt sich diese Begabung in der Ausgestaltung ihrer Wohnung oder ihres Hauses.

Fische umgeben sich gern mit zarten Farben, die sie wunderbar zu komponieren wissen, wobei sie ein sanftes Meergrün ganz besonders lieben. Angefüllt wird diese zarte Farbenwelt dann mit schönen Möbeln, unter denen durchaus auch ein paar ganz besonders erlesene Stücke sein können.

Die Mystiker

Fische verfügen über ein großes Interessenspektrum; aber als das mystischste Zeichen des Tierkreises dominiert naturgemäß die Zuneigung zur Mystik und Esoterik. Hier werden die Fische untereinander auch stets eine enge Verbindung verspüren.

Die Musik

Die Fische lieben die Musik, die in ihrem Leben häufig eine große Rolle spielt. Wenn sie nicht selbst ein Instrument spielen, so zeigen sie zumindest großes Interesse an musikalischen Aufführungen. Auch ihre eigenen Stimmungen werden durch musikalische Untermalungen verstärkt oder abgerundet.

Die geselligen Fische

Auch wenn die Fische nicht die ganz großen Party-Löwen sind, so gehören sie doch bisweilen zu den geselligen Menschen, die gerne Freunde um sich haben und zu allen möglichen Unternehmungen bereit sind. Natürlich immer in behaglicher und freundschaftlicher Atmosphäre, die ihnen das Gefühl von Geborgenheit und Harmonie vermittelt.

Ein nicht geringer Anteil von männlichen und weiblichen Fischen ist zudem einem Tänzchen selten abgeneigt. Auch auf diesem Feld können Fische Qualitäten offenbaren, die man bei ihnen auf den ersten Blick eigentlich gar nicht vermutet hätte!

Kapitel 2

Die Fische im Beruf

Begabungen und Talente

Die sozialen Fische

Menschen, die im Zeichen der Fische geboren wurden, zeichnen sich immer wieder als sehr soziale Wesen aus. Gerade in den erzieherischen oder Pflege-Berufen sind sie ganz am richtigen Platz.

Fische begegnen ihren Schutzbefohlenen oder Anvertrauten mit großer Menschlichkeit und Sorgsamkeit und sind in diesem Arbeitsgebiet, zu dem sie sich vielfach berufen fühlen, zu großen Opfern bereit.

Die Intuitiven

Während zahlreiche Menschen noch mit der Abwägung von Argumenten und der Diskussion über das Pro und Kontra eines Vorschlages beschäftigt sind, haben Fische bereits intuitiv ihre Entscheidung getroffen. Und häufig lässt sie ihre ausgebildete Intuition genau die richtige Wahl treffen.

In Situationen, wo Einfallsreichtum gefragt ist, sind die Fische ohnehin nicht zu übertreffen. Ihre einzigartige Fantasie lässt sie die zündenden Ideen produzieren, wo andere noch mühsam nach Lösungen suchen.

Sie passen sich an

Fische können durchaus gut in einem Team oder einem Kollegium arbeiten. Sie sind äußerst anpassungsfähig und kooperativ. Sie neigen auch nicht dazu, leicht Streitigkeiten vom Zaun zu brechen.

Aufgaben, die einem Fisch übertragen werden, wird dieser zumeist nicht infrage stellen, sondern sorgfältig ausführen. Allerdings sollte alles in einer freundschaftlichen Atmosphäre ablaufen, andernfalls könnte es mit einem Fisch Probleme geben.

Fische und das Geld

Die entscheidenden Werte liegen für den Fisch nicht auf der materiellen Ebene. Aus diesem Grund können sie ihre Ideen meistens auch gut verkaufen. Sie sehen zwar deren Wert, nehmen sie und sich aber nicht so überaus ernst. Schließlich hängt ihr Herz nicht am Gewinn und am finanziellen Erfolg.

Gerade diese Leichtigkeit bewirkt in vielen Fällen den wirtschaftlichen Erfolg. Wer zu verkrampft nach materiellem Erfolg strebt, neigt dazu, in den entscheidenden Situationen nicht locker genug zu sein und falsch zu entscheiden. Hier hat der Fisch eindeutig Vorteile.

Die Sinnfindung

Ein Fisch wird nicht einen Job nur um des Jobs willen annehmen. Dann müsste schon absolut keine andere Wahl mehr vorhanden sein.

Ein Fisch wird immer einen Beruf wählen, der auch seine innere Natur zufriedenstellt. Das gestaltet sich in einer weitgehend materialistischen Gesellschaft häufig nicht gerade leicht. Trotzdem wird der Fisch an seinen Idealen festhalten.

Er wird, auch und gerade in seinem Berufsleben, immer bemüht sein, zu helfen und sich zu engagieren. Die soziale Komponente spielt in seinem Wesen eine zu große Rolle, als dass er sie bei der Berufswahl vollständig vernachlässigen könnte.

Der sensible Fisch

In der Zusammenarbeit mit einem Fisch kommt seinen Kollegen und Mitarbeitern eine entscheidende Rolle zu. Solange sie auf sein sensibles Wesen Rücksicht nehmen, wird er seine Pflichten zuverlässig und innerlich zufrieden erfüllen. Schwierig wird es, falls dies nicht mehr der Fall ist.

Wenn ein Fisch sich in seinem beruflichen Umfeld unsicher und nicht geachtet fühlt, wird er dazu neigen, kopflos in seinem Büro umherzuirren. Diese Stimmung wird nicht nur sein eigenes Leistungsvermögen erheblich beeinträchtigen, sondern er wird zusätzlich noch eine depressive Stimmung im gesamten Büro verbreiten.

Fische in dieser Stimmungslage können dann zu einer Belastung für die gesamte Belegschaft oder ein ganzes Team werden.

Das Umfeld muss stimmen

Mehr als alle anderen Sternzeichen ist der Fisch von atmosphärischen Störungen beeinflussbar. Wenn sein Umfeld nicht mehr stimmt, schlägt das auf seine Gesamtbefindlichkeit zurück.

Fische benötigen daher ein Betätigungsfeld, das sie nicht erdrückt und langweilt. Wenn diese Voraussetzung gegeben ist, können sie sich entfalten.

Fische haben im Zusammenleben mit Mitmenschen oder Kollegen viel zu geben – ihre große Hilfsbereitschaft, ihre ausgeprägten künstlerischen Ambitionen und ihren schier unerschöpflichen Ideenreichtum.

Was immer jedoch angesagt sein mag, der Fisch wird nur dann sein ganzes Potenzial entfalten können, wenn er aus einem Gefühl des Wohlbefindens heraus agieren kann.

Die Vorahnungen

Fische besitzen geradezu eine mediale Ader, was ein Vorausahnen kommender Entwicklungen betrifft. Sie sehen manchmal schon Dinge kommen, wenn andere davon noch nicht einmal Schatten am Horizont wahrnehmen.

Mit ihrer Intuition sind ihnen daher moderne Strömungen oder neue Entwicklungen weit früher bekannt als anderen. Durch diese Begabungen können sie im Berufsleben der Konkurrenz oft um die berühmte Nasenlänge (hier besonders treffend!) voraus sein. Sie haben den Braten einfach schon früher gerochen!

Heilende Hände

Fische sind die geborenen Heiler und Helfer. Nicht wenige Fische entfalten aufgrund ihrer sensitiven Art geradezu mediale heilerische Begabungen. Sie verfügen dann über die sprichwörtlichen „heilenden Hände“, die sie in ihrer liebevollen und selbstlosen Art zum Wohle ihrer Mitmenschen einsetzen.

• Die kreativen Fische

Überall dort, wo es um die Entfaltung kreativer Fähigkeiten geht, wird der Fisch sein großes inneres Potenzial entfalten können. Alle schöpferischen Berufe kommen dem Fisch und seinem fantasievollen Wesen daher ausgesprochen entgegen.

Abneigungen

• Das Arbeitsklima

Die Atmosphäre an seinem Arbeitsplatz ist für den sensiblen Fisch ein ganz entscheidendes Kriterium in seinem Berufsleben. Ein unharmonisches Arbeitsklima macht den Fisch wirklich krank und lähmt in auch körperlich.

Fische müssen daher mehr als andere Mitglieder der Tierkreisfamilie darauf achten, dass die äußeren Faktoren ihres Arbeitslebens mit ihren inneren Bedürfnissen übereinstimmen.

Der Fisch ist das Sternzeichen, das auf das heute bereits als klassisches Arbeitsplatzphänomen bekannte „Mobbing“ besonders sensibel reagiert. Er benötigt lebensnotwendig ein harmonisches Umfeld, um seine Arbeitskraft zum Wohle des Ganzen entfalten zu können. Im gegenteiligen Fall wird es weder ihm noch der Firma zum Guten gereichen.

Der Fisch-Rhythmus

Fische haben ihre eigene innere Uhr und ihren eigenen inneren Rhythmus. Diese beiden Dinge müssen auch in ihrem Berufsleben harmonisch ineinandergreifen.

Ungeduldiges Drängen oder hektische Anforderungen beeinflussen den persönlichen Arbeitsrhythmus des Fisches ausgesprochen negativ und führen dazu, dass seine Arbeitsleistung sich eher deutlich verschlechtert als verbessert. Lässt man ihn jedoch in Harmonie nach seiner inneren Uhr arbeiten, wird er ein erfolgreiches Glied in der großen Produktionskette sein.

Wenn der Fisch jedoch nicht in seiner Eigenart gesehen wird, reagiert er auf typisch fischhafte Art und Weise. Er wird dann eher seine Arbeitsstelle aufgeben und weiterziehen, als sich dem möglichen Konflikt eines klärenden Gespräches auszusetzen.

Fische legen großen Wert darauf, dass alle Prozesse ohne große Worte harmonisch verlaufen. Ihr großes Dilemma ist es allerdings, dass außer ihnen kaum noch jemand nach diesem inneren Muster lebt und arbeitet!

Kein Fisch fürs Grobe

Fische zählen sicher nicht zu den Faulenzern, aber sie gehören auch nicht gerade zu den ausgesprochenen „Arbeitstieren“ des Sternkreises. Gerade die groben Dinge überlassen die Fische lieber den Kollegen und Kolleginnen.

Hinter dieser Vorgehensweise steckt keine böse Absicht; denn der Fisch möchte sicherlich niemandem etwas Böses antun. Aber ein Fisch zählt nun einmal nicht zu den Schwerarbeitern; und ihm selbst ist das natürlich allemal bewusst.

Aber versteht das auch seine Umwelt?

• Arbeit mit Fantasie

Wie auch seinem Vorgänger im Tierkreis, dem Wassermann, ist dem Fisch Langeweile am Arbeitsplatz äußerst zuwider. Seine Fantasie verleiht ihm Flügel, die er sich ungern durch Eintönigkeit und monotone Tätigkeiten beschneiden lassen möchte.

Gerade für die Fische ist es besonders wichtig, diese Monotonie zu vermeiden, da sie in außerordentlich starkem Maße zu depressiven Stimmungen neigen. Vor allem wenn ihre Fantasie eingeschränkt und ihr kreatives Potenzial durch äußere Zwänge beschnitten werden sollte, werden sich diese depressiven Züge sehr schnell unverkennbar manifestieren.

• Viel Lob

Fische benötigen in allem, was sie tun, viel Lob und ausreichende Anerkennung. Wenn ihnen diese vorenthalten werden, laufen sie Gefahr, in ihrem beruflichen Alltag unterzugehen.

Ein Fisch kann vieles ertragen, nur schwer jedoch Missachtung. Er möchte unbedingt, dass seine Arbeit und sein Wesen gewürdigt werden. Dies ist für ihn umso wichtiger, als er zwischen beiden natürlich keinen Unterschied macht. Der Fisch und seine Arbeit sind, in seinem Bewusstsein (!), eine Einheit.

• Konzentrationsschwäche

Die Fische zählen nicht unbedingt zu den Weltmeistern auf dem Gebiet der Konzentration. Ihr Innenleben, ihre Gefühle, ihre Träume und Fantasien, sie alle sind dazu angetan, die Aufmerksamkeit des Fisches mit Beschlag zu belegen. Wenn dann noch eine gewisse Langeweile kommt, bedingt durch Eintönigkeit im beruflichen Alltag, wird der Fisch bereits durch Kleinigkeiten von seiner trostlosen beruflichen Routine abgelenkt.

Es braucht nicht betont zu werden, dass dies für die Erfüllung seiner beruflichen Pflichten nicht unbedingt förderlich ist!

Vorgesetzte und Mitarbeiter

• Ideenreichtum

Fische sind eine ideale Besetzung für ein gutes, eingespieltes und in Harmonie arbeitendes Team. Wenn ihnen ihr berufliches Umfeld mit Freundlichkeit und Offenheit begegnet, sind Fische unschätzbare Mitarbeiter.

Sie tragen nicht allein durch ihr Wesen zu einem guten Klima bei, sie glänzen vor allem durch ihren schier unerschöpflichen Ideenreichtum. Außerdem weisen Fische in vielen Fällen die Begabung auf, andere Mitarbeiter oder Kollegen für ihre Ideen begeistern zu können, wodurch diese wiederum neuen Ansporn für eigene Aktivitäten erhalten.

Fische sind daher in der Regel eine sehr gute Wahl für jede Position in einer Firma!

Das Problem mit dem Selbstbewusstsein

Fische brauchen, weit mehr als viele andere Tierkreiszeichen, ein erhebliches Maß an Anerkennung. Dieses Grundbedürfnis macht es für sie in der Berufswelt nicht immer leicht. Sie verfügen leider nur in wenigen Ausnahmen über ein ausgeprägtes Selbstbewusstsein und sind daher in starkem Maße abhängig vom Lob ihrer Mitarbeiter oder Kollegen.

Vergessen die anderen, dem Fisch sein „Anerkennungsquantum" zukommen zu lassen, plagen ihn sehr schnell Selbstzweifel, die an seinem Wohlbefinden nagen. Wenn ein Fisch in so eine Krise gerät, kann ihm diese die Freude an seiner ansonsten geliebten Arbeit nehmen.

In der zweiten Reihe

Fische sind sehr dezent und drängen sich fast nie in den Vordergrund. Sie arbeiten eher aus dem Hintergrund und suchen nicht das große Licht der Scheinwerfer und die applaudierende Öffentlichkeit. Dieses an sich begrüßenswert bescheidene Verhalten macht es für sie in Hinsicht auf ihre Karriere allerdings nicht immer leicht. Es bedarf seitens ihres Chefs schon eines guten Auges, um auf den Fisch aufmerksam zu werden, der da in der zweiten Reihe seine brillante Arbeit verrichtet.

Möglicherweise brüsten sich statt seiner andere mit den Früchten der Arbeit, die eigentlich dem bescheidenen Fisch zustehen. Hier bedarf es großer Aufmerksamkeit seitens des Vorgesetzten!

Keine Führernatur

Von welcher Warte auch immer man die Fische betrachtet, das Ergebnis wird immer lauten: Fische sind keine Führerpersönlichkeiten. Es mag zwar manchmal den Anschein haben, wenn ein griesgrämiger oder enttäuschter Fisch sich dazu aufspielt; aber wenn man etwas genauer hinschaut, erkennt man das Aufgesetzte in diesem Rollenspiel.

Dieser Umstand geht teilweise allerdings auch auf eine sehr positive Eigenschaft zurück, nämlich den schlichtweg fehlenden Machthunger der Fische. Sie richten ihr Augenmerk einfach auf andere Werte.

Bisweilen fehlt es Fischen allerdings einfach an Ausdauer und Ehrgeiz, um auf der Karriereleiter eine Stufe emporzuklettern. Sie sind zufrieden mit dem, was sie erreicht haben.

Der Fisch als Chef

Bei der Besetzung eines Chefpostens sollte man sich den infrage kommenden Fisch genau anschauen.

In der Regel sind Fische im Chefsessel einfach zu nachgiebig und großzügig. Es fehlt ihnen an Entschlusskraft und Durchsetzungsvermögen in Härtefällen. Sie zeigen sich meist leicht beeinflussbar, und dieser Charakterzug wird von bestimmten Mitarbeitertypen schamlos ausgenutzt. Zu ihrem eigenen Schaden und zu Lasten der Firma. Ein Chef, der in den Augen seiner anderen Mitarbeiter derart an Autorität verliert, muss an seiner Führungskraft arbeiten, andernfalls läuft er Gefahr, sich in der Firma der Lächerlichkeit auszusetzen.

Bezüglich der Besetzung von Führungspositionen muss allerdings ganz besonders beachtet werden, dass Fisch nicht gleich Fisch ist und in diesem Fall die Stellung etwa des Aszendenten eine erhebliche Rolle spielen kann.

Wer ist der Chef/die Chefin?

Eine Frage, die sich die Mitarbeiter eines Fische-Chefs sehr häufig stellen werden. Der manchmal etwas unnahbare, oft ein wenig geheimnisvolle Fisch ist für seine Mitarbeiter in vielen Fällen nur sehr schwer einzuschätzen.

Mit dem Mantel der Unnahbarkeit um die Schultern kann er brummig oder meditativ über die Flure schleichen, sodass niemand es wagt, ihn anzusprechen, obwohl in einer kritischen Situation seine/ihre Führungskraft dringend benötigt würde.

Andererseits wiederum können Fische-Vorgesetzte ihren Mitarbeitern gegenüber sehr offen und hilfsbereit sein. Ganz besondere Sympathien werden sie denjenigen entgegenbringen, die sie mit ihrer Kreativität erfreuen. Diesbezüglich treffen sich dann verwandte Seelen.

Der Mitarbeiterstab

Der Fisch ist ohne sein Team komplett aufgeschmissen! Er benötigt allein eine Person, die nur hinter ihm herräumt, um sein kreatives Chaos wieder einigermaßen zu ordnen.

Des Weiteren bedarf es einer Person, die ihn kontrolliert und seine Nachlässigkeiten ausbügelt oder seine ungenauen Anweisungen zurechtrückt. Ideal wäre es, wenn der Fische-Chef eine Person an seiner Seite hätte, der es gelingt, diese Schwachpunkte schon zu korrigieren, bevor sie überhaupt schlimme Folgen haben konnten.

Ein Fisch ohne einen guten Mitarbeiterstab ist einfach verloren!

Menschenkenntnis

Was den Fisch, auch in seinem Berufsleben, oft rettet, ist seine hervorragende Menschenkenntnis. Er besitzt die Fähigkeiten, sich die tiefen Schichten seiner Mitarbeiter genau vor sein inneres Auge zu holen. Wo andere ausführliche Analysen und Personalbögen zurate ziehen, verlässt sich der Fisch auf seine Ahnungen. Er weiß intuitiv und mit nahezu bestechender Treffsicherheit, auf wen er sich verlassen kann und wer für ihn und die Firma unersetzlich ist.

So kommt es im Berufsleben des Fisches sehr genau darauf an, eine Position für ihn zu finden, die optimal seinen Möglichkeiten entspricht. Dann sind Fische in ihrer Stellung schlechterdings die Traumbesetzung!

Selbstständigkeit

Die kreativen Berufe

Die Fische zählen nicht unbedingt zu den Sternzeichen, die man allgemein mit Selbstständigkeit in Verbindung bringen würde. Trifft man sie doch in einer solchen Position an, so handelt es sich zumeist um die sogenannten „Kreativberufe". Hier können sie ihre Fantasie voll ausleben.

Da die im Zeichen der Fische geborenen Menschen nicht unbedingt zu den Arbeitstieren gehören und auch nur selten über die entsprechende Ausdauer verfügen, sind sie in der Regel überfordert, wenn es darum geht, eine eigene Firma aufzubauen, wofür genau diese Qualitäten gefordert sind.

Sie wären allerdings die idealen Partner, um starken Führungspersönlichkeiten die Ideen einzugeben, die jene dann erfolgreich vermarkten können.

Besser im Team

Auch als Selbstständige sind Fische eher darauf ausgerichtet, im Team mit anderen Menschen zusammenzuarbeiten.

Sie sind auch als selbstständige Heilpraktiker zu finden, in den verschiedenen Pflegeberufen oder allgemein im sozialen Bereich. Dort können sie ihre Fähigkeiten durch ihre große Menschlichkeit und ihre ausgeprägte Opferbereitschaft entfalten.

Das künstlerische Feld

Die in vielen Fällen mit einer großen künstlerischen Begabung ausgestatteten Fische eignen sich auch als Designer oder Dekorateure sowie im graphischen Gewerbe. Hier können sie ihre ästhetischen Talente in ihrer Fülle einbringen.

Die Schauspieler

Wer sollte besser in der Lage sein, sich in die menschliche Psyche einzufühlen, als der Fisch. Das muss nicht bedeuten, dass er sie in allen Tiefen versteht, aber er kann sich in sie einstimmen.

So gelingt es Fischen, große Rollen derart lebensecht zu verkörpern, dass die Zuschauer bis zur letzten Sekunde vollständig gefesselt sind und zwischen Film oder Bühne und der Wirklichkeit kaum noch zu unterscheiden vermögen.

Den Fischen ist keine Rolle fremd. Vom Mörder bis zum Heiler können sie jede Rolle glaubwürdig spielen!

Die Astrologen

Die Fische leben immer ein wenig im Weltall. Von daher verfügen sie über die intuitive Begabung, die den wirklich großen Astrologen auszeichnet. Die mathematischen Berechnungen vermag im Zeitalter des Computers in Sekundenschnelle die Maschine zu erledigen; die seelische Deutung jedoch bedarf des intuitiven Verstehens von Zusammenhängen. Und auf diesem Feld sind die Fische nun wirklich nicht zu übertreffen!

Die Pädagogen

Fische, die sich durch große Menschlichkeit auszeichnen, haben vielfach eine sehr feine pädagogische Ader, die sie vor allem in der Grundschule einsetzen können.

Nicht selten geschieht es, dass die Erst- oder Zweitklässler ihren Fische-Klassenlehrer oder ihre Fische-Klassenlehrerin heiß und innig lieben. Sie sind die ersten großen Vorbilder in ihrem jungen Leben und die Fische werden sie selten enttäuschen.

• Die Seelsorger

Mit ihrem tiefen, intuitiven Zugang zur menschlichen Psyche eignen sich die spirituellen Fische hervorragend zum Beruf des Seelsorgers.

Wer zu einem Fisch in die Beratung kommt oder auch nur, um sich Trost spenden zu lassen, wird selten ohne geistige Stärkung sein Beratungszimmer verlassen. Fische schöpfen aus einer inneren Tiefe, die allen Ratsuchenden die Gewissheit vermittelt, dass hinter allen menschlichen Tragödien doch ein verborgener Sinn waltet. Selbst wenn die Fische ihn auch nicht ganz verstehen, gelingt es ihnen doch, diesen Sinn aufscheinen zu lassen. So können allmählich aus Ahnungen Gewissheiten werden.

• Die Sozialarbeiter

Die Sozialberufe und die Pflegeberufe sind die natürlichen Arbeitsfelder für die mitfühlenden Fische. Egal, ob es um die Betreuung behinderter Kinder oder um die Altenpflege geht, die Fische werden sich in ihrer liebevollen, mitfühlenden Art ganz schnell als unentbehrliche „dienende Engel" zeigen. Hier sind sie ganz sicher am rechten Platz!

Die Füße

Da den Fischen, aus astrologischer Sicht, die Füße zugeordnet werden, zeigen sie häufig auch ein besonderes Interesse an diesen Körperteilen. Das kann dann vom Schuh-Designer bis hin zum medizinischen Fußpfleger reichen.

Es wird den Füßen immer guttun, wenn sich ein Fisch um sie kümmert!

Die Musik

Auch die Musik zählt zu den Neigungen der Fische. Auch hier kann das Spektrum vom Orchesterleiter bis hin zum Mitglied der lokalen Kapelle des örtlichen Trachtenvereins reichen.

Fische lieben Musik und werden immer Zeit dafür finden, sie selbst zu spielen oder sich zuhörend an ihr zu erfreuen.

Das kirchliche Leben

Wenn die Fische nicht zum esoterischen oder mystischen Leben neigen, werden sie vielfach im kirchlichen Bereich engagiert sein. Möglicherweise sind sie im Kirchenvorstand aktiv oder spielen eine Rolle in der Leitung des kirchlichen Kindergartens.

Ein Fisch ganz ohne spirituellen Hintergrund ist nur sehr schwer vorstellbar.

Kapitel 3

Die Fische und die Liebe

Der Verständnisvolle und die Romantikerin

• Eine Welt voller Gefühle

Die außerordentlich gefühlvollen Fische-Menschen sind einfach in der Welt der Liebe zu Hause. Sie ist ihr eigentliches Reich.

Das muss jedoch nicht bedeuten, dass sie es in der Liebe immer einfach haben oder die Liebe es immer einfach mit ihnen hat. Manchmal gibt es da ganz seltsame Geschehnisse. So ist es mit den Fischen eher so, dass die Liebe *sie* einholt, und nicht sie die Liebe.

Wie auch immer es aber ablaufen mag, am Ende finden die Liebe und die Fische sich in trauter Vereinigung!

• Die Hingebungsvollen

Die Fische entstammen dem Element Wasser, und so *schwimmen* sie auch auf den *Wogen* der Liebe. Sie verströmen sich in grenzenloser Hingabe.

Natürlich sind auch die Fische auf der Suche nach ihrem Traumpartner, denn trotz aller Liebesfähigkeit fällt auch den im Zeichen Fische Geborenen das Glück nicht einfach in den Schoß!

Auf der Suche nach dem Partner fürs Leben geraten die Fische allerdings immer wieder in komplizierte Situationen und Liebesaffären. Der Grund dafür liegt hauptsächlich in der einfachen Tatsache begründet, dass ein Fisch große Schwierigkeiten damit hat, einmal Nein zu sagen.

Die Sentimentalen

Die Intensität ihrer (und anderer) Gefühle nimmt sie nicht selten vollständig gefangen und dann leben sie in diesem Zustand von Gefühlsrausch ohne Grenzen. Dabei müssen diese Stimmungen gar nicht einmal mit ihrem Gegenüber zu tun haben, es muss nur die richtige Note *in ihnen* zum Klingen gebracht werden.

Wenn ihr Partner die romantische, sentimentale Seite in ihnen zum Schwingen bringt, die sie so sehr lieben, dann schmelzen die Fische, Männer wie Frauen, einfach dahin.

Feinfühlige mit Abgründen

Fische sind die feinfühligen Wesen, die sich wunderbar in andere hineinversetzen können. Ihr Gegenüber fühlt sich so wunderbar verstanden und angenommen. Möglicherweise fällt ihm dabei gar nicht auf, dass sein Fisch ihm die Abgründe seiner Seele vollständig vorenthalten hat.

Vielleicht ist dies aber auch besser so, denn aus den unergründlichen Tiefen des Fisches wird meistens kein anderer schlau.

Immer auf der Suche

Fische verharren selten auf der Stelle. Sie sind immer unterwegs, immer auf der Suche nach der Liebe. Dabei kann es durchaus vorkommen, dass das Objekt dieser Liebe nicht immer eindeutig ist.

Für die Fische ist von entscheidender Bedeutung, nicht einsam zu sein. Einsamkeit möchten sie unter keinen Umständen erleben; sondern sie möchten ein „du" an ihrer Seite wissen, wie immer dieses auch aussehen mag. Im Rahmen dieser Suche kann es aber den Fischen häufig widerfahren, dass sie sich vollständig verschwimmen. Aber aufgrund ihrer Anpassungsfähigkeit winden sie sich auch aus verfahrenen Situationen wieder heraus.

Viel Zeit einplanen

Wenn Sie sich auf eine Beziehung mit einem Fische-Mann oder einer Fische-Frau einlassen, sollten Sie dafür von vornherein viel Zeit einplanen. Diese wird für Ihren Fisch unbedingt notwendig sein; denn diese sensiblen Wesen öffnen ihr Innerstes nicht von heute auf morgen.

Das Verwirrspiel ihrer Gefühle ist für die Partner der Fische eine echte und gewaltige Herausforderung. Sie werden dabei nicht selten durch ein intensives Wechselbad der Gefühle gejagt werden, denn die Fische können ihre Beziehungen durchaus zwischen totaler Nähe und unendlicher Ferne leben.

Viel Geduld aufwenden

Neben viel Zeit bedarf es in der Beziehung mit einem Fisch auch eines Höchstmaßes an Geduld. Dieses ist beispielsweise erforderlich, wenn der Fisch sich vor seinem Gegenüber verschließt. Dann sollte man auf keinen Fall versuchen, in ihn zu dringen. Auch wenn die berühmte verträumte „Fisch-Miene" auftaucht, wäre es nicht geboten, mit Fragen nach den Hintergründen zu bohren. Es ist wenig sinnvoll!

Die im Zeichen Fische geborenen Geschöpfe werden immer einen Teil ihres Wesens verborgen halten, zu dem niemand einen Zugang erhält.

Die Unbeständigkeit

Fische-Männer und Fische-Frauen sind nicht vorrangig daran interessiert, sich festzulegen. Außerdem zählen sie nicht zu den Menschen, die mit Liebeserklärungen nur so um sich werfen.

Ein Fisch liebt, weil er liebt. Dazu möchte er keine längeren Erklärungen abgeben!

Hinzu kommt, zur nicht geringen Überraschung ihrer Mitmenschen, dass die Fische heute so und morgen so lieben. Manchmal sogar heute den und morgen den, beziehungsweise heute die und morgen die. Da tobt das Leben!

Der geschützte Raum

Fische benötigen, gerade und vor allem in ihrem Liebesleben, einen geschützten Raum, der bewahrt bleibt vor den Schrecken der realen Welt. Hier darf sich keine Konfrontation abspielen und auch heftige Szenen sind darin unerwünscht.

Fische können sehr leicht verschreckt reagieren und sich daraufhin umgehend zurückziehen. Wenn man sich ihnen grob oder aufdringlich nähert, werden sie sich sofort verschließen. Ihr Wesen ist prinzipiell immer zum Rückzug bereit.

Immer im Heute leben

Fische sind absolut liebevolle Partner, mit denen man den Himmel auf Erden erleben kann. Zumindest den heutigen Himmel! Was morgen geschieht, bleibt unklar oder es steht in den Sternen!

Jeder neue Tag bietet für den Fisch eine Fülle neuer Facetten. Wie soll er denn schon vorher wissen, auf welche Weise er darauf reagieren wird. Man darf also nie vergessen: Ein Fisch bleibt ein Fisch!

Fische sind unbegreifliche und schillernde Geschöpfe; und wenn man glaubt, sie endlich verstanden oder gar für sich gewonnen zu haben, sind sie schon im Schilf verschwunden. Und keiner weiß, ob sie wieder zum Vorschein kommen werden!

Liebe um der Liebe willen

Natürlich sind die Fische, Männer wie Frauen, faszinierende Wesen. Schon allein ihre Unbegreiflichkeit macht einen erheblichen Teil dieser Faszination aus. Sie verfügen über eine solche unglaubliche Fülle von Gesichtern und Masken, dass man praktisch nie dahinterkommt, welches denn nun das ursprüngliche, echte Gesicht ist.

Wenn sich auch diese Frage vielleicht niemals zweifelsfrei beantworten lassen wird, so steht Eines doch sicher fest: Fische leben keine persönliche Liebe, sondern sie lieben um der Liebe willen!

Alles im Fluss

Für den Fisch bedeutet die Liebe, dass sich alles „im Fluss" befindet. Und er schwimmt natürlich im Einklang mit der Strömung mit.

Ein Fisch will nichts ausgrenzen, alles darf sein, solange es harmonisch und edel ist. In diesem Fall ist der Fisch bereit, sich mittreiben zu lassen.

Nur in den seltensten Fällen wird ein männlicher oder weiblicher Fisch wirklich bereit sein, sich ganz auf einen anderen einzulassen.

Die Liebe ergibt sich für den Fisch aus einem natürlichen Fluss heraus, sie ist niemals künstlich oder aufgesetzt. Sie muss sich mühelos einfinden, nur dann ist es für ihn echte Liebe.

Vor allem Einfühlungsvermögen

Es kann kein Zweifel daran bestehen, dass Fische sich mit allen Kräften dafür einsetzen werden, dass es ihrem Partner gutgeht. Sie werden nichts unversucht lassen, um ihm den Himmel auf Erden zu errichten. Nur ist ihr Wesen nun einmal so kompliziert und vielschichtig, dass ihr Partner schon eine überdimensionale Portion Einfühlungsvermögen mitbringen muss, um sie halbwegs zu verstehen.

Niemals darf er versuchen, sie festnageln zu wollen. Einschüchterungen durch Drohgebärden wären eine reine Katastrophe und unter Druck darf man Fische ebenfalls niemals setzen. Alle diese schrecklichen Vorgehensweisen hält kein Fisch aus.

Widerfahren sie ihm doch, so wird er, ganz intuitiv, in Windeseile einen Nebenarm des großen Lebensflusses finden und sich in aller Stille verabschieden.

Der Fische-Mann

Pures Verständnis

Die männlichen Fische sind so überaus verständnisvoll, dass so manche Frau einfach dahinschmilzt. Mit viel Charme und Edelmut erscheinen sie auf der Bildfläche. Sie geben sich keineswegs aufdringlich, sondern eher sanft beobachtend. Sie drängen sich nicht in den Vordergrund, sondern halten sich eher dezent und ein wenig schüchtern im Hintergrund.

Das weibliche Element im Fische-Mann

Fische-Männer verfügen zumeist über ein solches Einfühlungsvermögen, dass ihre Partnerinnen nicht selten vermuten, sie hätten ihre beste Freundin an ihrer Seite, so innig scheint seine Kenntnis ihrer Person bei ihrem Fische-Partner zu sein. Gerade dieses Phänomen macht

Fische-Männer für das weibliche Geschlecht so überaus anziehend und liebenswert.

Grundsätzlich lässt sich feststellen, dass männliche Fische anscheinend mehr weibliche Elemente in sich vereinen als selbst manche Frauen.

Von der Liebe geführt

Männliche Fische zählen nicht zu den imposanten Eroberern des Tierkreises. Sie handeln selten offensiv und preschen noch weniger impulsiv nach vorne. Sie lassen sich erwählen!

Viele Fische-Männer geraten in eine Beziehung, ohne genau zu wissen, wie es eigentlich dazu kam. Auf der Suche nach ihrer Traumprinzessin geraten sie dabei schon einmal in das falsche Netz; aber wozu kann man denn zurückschwimmen? Für den Fisch stellt so eine Situation daher kein großes Problem dar, und schon gar nichts, woraus er möglicherweise etwas lernen könnte. So ist nun einmal die Liebe, sie führt ihn auf wundersamste Wege und zeigt sich voller Abwechslung und Unterschiedlichkeit.

Der Mitfühlende

Auch wenn diese großen Romantiker des Tierkreises überaus aufmerksam und teilnahmsvoll sind, so verschenken sie sich doch selten nur an eine Frau. Zu schnell kann es einfach werden und der Fisch ist abgelenkt und in Versuchung geführt.

Außerdem sollte im Zusammenhang mit männlichen Fischen immer im Auge behalten werden, dass der Fisch nicht selbst wählt, sondern sich erwählen lässt. Und Nein zu sagen, war ja bekanntlich alles andere als eine Stärke von ihm!

Sein Mitgefühl ist so grenzenlos, dass sich die Grenzen zwischen ihm und ihr tatsächlich manches Mal auflösen; und so kann es ihm widerfahren, dass er aus lauter Mitgefühl und Verständnis in Netze geht, die er eigentlich doch meiden wollte. Aber die Dame war doch so einsam und betrübt ...

Das geheimnisvolle Innenleben

Männliche Fische zählen zu den introvertiertesten Geschöpfen des Tierkreises. Ihr Innenleben ist etwas äußerst Geheimnisvolles, schwer Nachvollziehbares.

Probleme mit ihnen zu erörtern, dürfte einige Schwierigkeiten mit sich bringen, da „er“ sich nur sehr ungern festlegen lässt. Nicht zuletzt deswegen, weil er ja selbst nicht weiß, wie und wo er sich festlegen könnte.

Ja und ***Nein*** sind für Fische-Männer Fremdwörter; aber ***vielleicht*** oder ***wir könnten es ja einmal probieren*** passen schon eher zu ihm.

Ein Fische-Mann ist gewissermaßen eine astrologische Unbestimmtheitsrelation.

Verstehen ohne Worte

Wenn man einen Fische-Mann fragen würde, was er sich am meisten von einer Partnerin wünscht, so würde er vermutlich vom „Verstehen ohne Worte" sprechen. Er möchte sich nicht erklären, sondern er wünscht sich, seine Partnerin möge ihn ebenso intuitiv verstehen wie er sie.

Natürlich ist so ein Ideal kein leichtes Unterfangen, denn welche Frau ist schon mit so feinen Antennen ausgestattet wie der Fische-Mann?

Trotzdem gehören diese Vorstellung und dieser Anspruch irgendwie zu seinem Bild von der Liebe (wenn es das überhaupt gibt?). Alles fließt und alles ergibt sich still und harmonisch.

Viele Streicheleinheiten

Diese zarten Männer benötigen in ihrer zurückhaltenden Art viel Anerkennung und Bestätigung, obwohl sie es selten anklingen lassen. Sie sind überaus sensible Wesen und frau sollte mit Streicheleinheiten keinesfalls sparsam umgehen.

Flucht in die Traumwelt

Der romantische, verträumte Fisch wird in seiner männlichen Ausgabe gerne flüchtig, wenn es einmal hart auf hart kommt. Er ist immer auf dem Sprung, um in seiner ureigenen Traumwelt zu verschwinden, die seine wahre Heimat und sein bester Freund ist. Nur hier fühlt er sich wirklich geborgen.

Die sanften Frauen

Eigentlich haben Fische-Männer keine besonderen Vorlieben, sondern überlassen sich einfach voller Vertrauen dem stillen, ruhigen Fluss des Lebens. Ein Faible zeigen sie allerdings für die sanften Frauen, die eine gewisse Bedürftigkeit ausdrücken. Bei ihnen steigt in ihm das Mitgefühl auf, sodass er sich um sie kümmern und sie behüten will. Zumindest für eine kleine Weile.

Seine Welt zählt

Als Frau hat man (frau) nur eine Chance, mit ihm zu leben, wenn sie sich in seine Welt einfühlt und Verständnis für diese Sphäre zeigt.

Ein Fische-Mann ist nicht wie andere Männer. Er hat nur den einen Wunsch, dass man ihn lässt und doch beachtet. Er möchte sich geborgen fühlen und will doch zugleich beschützen. Er möchte verwöhnen, liebt es aber zugleich, selbst verwöhnt zu werden.

Ist diese Ebene zwischen dem Fische-Mann und seiner Partnerin einmal gefunden, ist das Leben mit ihm ein Kinderspiel. Er ist liebenswert und wird sogar das eine oder andere Mal versuchen, über seinen Schatten zu springen. Das „Land des Vertrauens" ist betreten und der Boden bereitet für eine überaus liebevolle Beziehung, in der alles sein darf.

Freiheit trotz allem

Bei allen romantischen Wesenszügen bleibt Eines doch unbestritten: Ein männlicher Fisch lässt sich nicht dominieren, auch wenn es bei einem flüchtigen Blick manchmal den Anschein haben mag. Aber der Fisch ist ein freies Wesen. Fische-Männer suchen ein partnerschaftliches Verhältnis, das ausgeglichen und freiheitlich geprägt ist.

Die Fische-Frau

Die überaus Romantische

Eine Fische-Frau will sich in ihrem Partner verlieren. Ihr sehnlichster Wunsch ist es, sich aufzulösen und mit *ihm* zu verschmelzen. Allerdings kann es ihr widerfahren, dass ihre romantische Ader überzogen wird und sie den Blick für die Wirklichkeit verliert. Dann fehlt ihr das Gleichgewicht und sie hat Mühe, wieder Kontakt zum Boden der Tatsachen zu bekommen.

Der Ritter

Ihr Geliebter soll der untadelige Ritter in der silbernen Rüstung sein. Sie liebt es, ihm das Gefühl von der schwachen und verträumten Frau zu vermitteln, die beschützt werden möchte.

Sie benötigt unendlich viel Aufmerksamkeit und Zuwendung und gibt sich, vielleicht auch aus diesem Grund, gerne den Anschein eines hilflosen, schutzbedürftigen Wesens.

Das Reich der Harmonie

Vor allem in der Liebe ist die Welt der Fische-Frau nicht von dieser Erde. Ihr Reich ist die Romantik und Harmonie, eine Sphäre der Träume und Fantasie, die immer für sie erreichbar ist.

Wird eine Fische-Frau mit heftigen Auseinandersetzungen und massiven Ansprüchen konfrontiert, zieht sie sich blitzschnell in ihre Innenwelt zurück, um all dem Unangenehmen zu entgehen.

Die starken Männer

Weibliche Fische sehnen sich stets nach der starken Schulter, vielleicht gerade, um ihr einfühlsames Wesen an ihr geborgen zu wissen.

Vor allem sehr junge Fische-Frauen suchen sich gerade in ihren ersten Beziehungen den sogenannten „starken Mann" und fallen prompt in zahllosen Fällen auf klassische Machos herein. Hier scheint selbst ihre ausgeprägte Intuition anfänglich zu versagen.

Extreme Selbstaufgabe

Die Fische-Frau kann sich opfern bis zur Selbstaufgabe. Manches Mal ist der objektive Beobachter geneigt, dahinter sogar einen weiblichen Masochismus zu vermuten, denn ihre Selbstaufopferung grenzt in etlichen Fällen bereits an Selbstzerstörung.

Zu diesen Extremhaltungen kann es kommen, wenn ihre besonderen Gaben, wie etwa Einfühlungsvermögen und Güte, exzentrische Abwandlungen erfahren. Hier gilt es für alle Fische-Frauen, aufmerksam und wach zu sein.

Eifersucht

Auch die weiblichen Fische benötigen ein besonderes Maß an Aufmerksamkeit und Anerkennung; und sie können überaus heftig reagieren, wenn ihr Partner sich einer anderen zuwendet.

Fische-Frauen werden um „ihn" allerdings nicht kämpfen, das entspricht nicht ihrem Naturell.

Sie werden darauf warten, bis die Liebe wieder fließt und die Zuwendung des anderen sich freiwillig ergibt. Sollte dies nicht der Fall sein, wird sie ihn eher aufgeben, als um ihn zu kämpfen.

Der Traumpartner

Die Fische-Frauen sind so engagiert auf der Suche nach ihrem Traumpartner, dass sie leicht der Gefahr erliegen zu überidealisieren und mehr in ihrem Auserwählten wahrzunehmen, als real vorhanden ist.

Eine verliebte Fische-Frau kann sich an einen Mann verlieren, der, zumindest in ihren Augen, wirklich etwas Besonderes darstellt. Das wird so lange anhalten, bis sie etwas unsanft wieder auf den Boden der Tatsachen zurückfällt. So richtig wird sie den ganzen Sachverhalt jedoch auch jetzt noch nicht fassen und auf eine Auseinandersetzung mit den erlebten Umständen wird man vergeblich warten.

So kommt es, wie es kommen muss. Beim nächsten Mann wird gar nichts anders! Wieder wird es eine Liebe aus Leidenschaft; und die sehnsüchtige Suche der Fische-Frau setzt sich fort.

Die verborgenen Leidenschaften

Die unendliche Sehnsucht nach Liebe und Leidenschaft ist eine der zentralen Eigenschaften aller Fische-Frauen. Wenn die Fische-Frau in ihrer aktuellen Verbindung diese Leidenschaftlichkeit vermisst, wird sie diese wahrscheinlich in heimlichen Affären suchen.

Sie kann alle diese Beziehungen in sich verarbeiten und bewahren. Ohne ein Wort zu verlieren, zieht sie sich für eine Weile aus ihrem alltäglichen Leben zurück, um dann mit „ihm" in ihrer romantischen eigenen Welt zu leben. Und ohne ein Wort zu verlieren, kehrt sie dann wieder zurück in ihre vertraute Alltagswelt.

Die inneren Reiche einer Fische-Frau sind voller glitzernder Facetten und von unergründlichen Tiefen geprägt.

Die Traumwelt

Mit dem richtigen Mann an ihrer Seite, der niemals in sie dringt und ihre Freiräume nicht beschneidet, der das unbedingt notwendige Einfühlungsvermögen mitbringt und ihr vor allem alle Freiheiten ihrer Traumwelt lässt, könnte das Zusammenleben gelingen.

Auf keinen Fall jedoch darf er Ansprüche stellen, sondern er sollte ihr Wesen einfach so liebenswert finden, wie es ist. In diesem Fall könnte sie sich geborgen fühlen und ihm eine wunderbare Partnerin sein. Auf dieser Grundlage kann sie sich ihm ganz widmen und für ihn da sein.

Wenn alle äußeren Faktoren für die Fische-Frau zusammenpassen, wird sie die Gebende sein, die sich verschenkt, ihn verwöhnt und für alle seine Sorgen ein offenes Ohr hat.

Es müssen allerdings eine Menge günstiger Faktoren zusammenkommen, um diese Idealbesetzung zu bewerkstelligen!

Die Fische und ihre Beziehungen

Der Fisch und der Widder

Wenn sich Feuer und Wasser treffen

Der Widder wird mit dem Fisch seine Schwierigkeiten haben. Er bietet ihm einfach zu wenig Widerstand. Während der Widder noch seine Seelenkämpfe austrägt, ist der Fisch längst davongeschwommen und gibt sich seinen Träumen hin. Er taucht in sein Reich ein, zu dem der Widder keinerlei Zutrittsmöglichkeiten besitzt.

Der Fisch verfügt zwar über die intuitiven Fähigkeiten, den Widder zu verstehen, aber von seinem Wesen her fühlt er sich außerstande, dem hitzigen, streitlustigen und kämpferischen Widder zu begegnen.

Zwischen Widder und Fisch kann sich eine kurzfristige Romanze abspielen, ein kurzes, heftiges Aufflackern von Leidenschaft und Faszination, aber diese Bindung wird nur schwer ein Leben lang halten.

Die beiden Welten sind zu verschieden, um die Basis für eine langfristige enge und harmonische Beziehung zu bieten.

Der Fisch und der Stier

Einer ist zu sensibel

Der Fisch ist eines der sensibelsten Wesen des Tierkreises. Er neigt dazu, sich in seinen Träumen zu verlieren und die Wirklichkeit aus den Augen zu verlieren. Wenn er sich mit einem Stier verbindet, wird es sehr schwer für ihn, mit der erdhaften Kraft seines Partners oder seiner Partnerin zurechtzukommen. Er wird kein Gleichgewicht zwischen sich und dem Stier herstellen können.

Der Stier seinerseits kann sich nur mit sehr großer Mühe, und auch dann nur unvollständig, in die unendliche Vielfalt der Gedanken- und Gefühlswelt des Fisches einfühlen. Dadurch werden der Stier und der Fisch sich immer fremd bleiben. Es lässt sich kaum eine Brücke zwischen ihren so verschiedenen Reichen errichten. Zwar macht der Fisch vieles durchlässig für den Stier, aber der tiefere Sinn des ganzen Geschehens bleibt für den Stier ein großes Mysterium.

Wenn der Stier und der Fisch es bewerkstelligen, eine harmonische Beziehung aufzubauen, dann wird diese dergestalt sein, dass der Stier sein normales Leben lebt, während sein Fische-Partner oder seine Fische-Partnerin neben ihrer gemeinsamen Beziehung noch ein eigenes, ihm nicht zugängliches Innenleben führt.

Der Stier ruht so in sich selbst, dass er möglicherweise die Andersartigkeit des Fisches in sein Leben einzubauen vermag; aber es wird eine Verbindung sein, in der viele Dinge unausgesprochen bleiben und manche Berührung unterbleibt. Eine Kombination, die mehr Probleme aufwirft, als harmonisches Glücklichsein zu garantieren.

Der Fisch und der Zwilling

Der eine plaudert und der andere schweigt

Zwischen diesen beiden Bewohnern des Sternkreises wird es nur schwer richtig funken.

Während der Zwilling sich plaudernd in luftigen Höhen amüsiert, schwimmt der überaus sensible Fisch in den Tiefen seines Unterbewusstseins und den unergründlichen Reichen seiner Träume und ist dem Lebenstempo des Zwillings einfach nicht gewachsen.

Sobald irgendwelche Probleme oder selbst nur Schwierigkeiten im alltäglichen Leben auftreten, werden sich die Gegensätze deutlich zeigen. Während der Zwilling alles ausdiskutieren möchte, schweigt der Fisch versunken in seinen inneren Welten. Aber wie soll sich so eine Beziehung entfalten, wenn der eine ständig spricht und der andere beharrlich schweigt?

Zwischen dem Zwilling und dem Fisch fehlt es einfach an der Fähigkeit zur Kommunikation, zum lebendigen Austausch.

Es dürfte nicht selten vorkommen, dass schon beim ersten Rendezvous diese Schwierigkeiten deutlich hervortreten. Damit wird dieses naturgemäß für beide Seiten unbefriedigend verlaufen und oft ist die Verbindung zwischen dem Zwilling und dem Fisch schon wieder zu Ende, bevor sie überhaupt richtig begonnen hat.

Wahrscheinlich ist es auch besser so.

Der Fisch und der Krebs

Das Traumpaar

Der Krebs und der Fisch sind die beiden Wasser-Zeichen, die sich nahezu perfekt ergänzen. Zwei Wasser-Wesen, die sich lieben!

Sie teilen eine gemeinsame Gefühlswelt, sie verbringen zärtliche Stunden voller Harmonie miteinander; und solange das Leben ihnen auf der Sonnenseite entgegenkommt, sind die beiden wie füreinander geschaffen. Sie verstehen sich ohne viele Worte und sprechen auf einer inneren Ebene die gleiche Sprache.

Die Schwierigkeiten dieses astrologischen Traumpaares werden nicht in der inneren Welt beginnen, sondern in der Außenwelt. Die beiden sollten sorgfältig darauf achten, nicht mit unlösbaren Konflikten oder finanziellen Schwierigkeiten konfrontiert zu werden. Dann könnte es leicht geschehen, dass sie beide darunter leiden werden und sich in ihrem gemeinsamen Leid auch noch bestätigen – doch wer findet den Ausweg aus der Misere? Der Krebs und der Fisch müssen lernen, dass das Leben aus einer inneren *und* einer äußeren Seite besteht. Gelingt es ihnen, beides mit einem wachen Bewusstsein zu verknüpfen, steht einer glücklichen Verbindung nichts im Wege.

Der Fisch und der Löwe

Zwei Welten

Fische sind überaus sensible Geschöpfe. Nur in den seltensten Fällen ist ihre zarte und feinfühlige Art dem herrischen Löwen gewachsen.

In der träumerischen und mystischen Gefühlswelt der Fische ist wenig oder gar kein Raum für Machtkämpfe und Dominanzstreben. Solche Grobheiten sind dem Fisch einfach zuwider.

Wie soll er sich da gegen den auftrumpfenden Löwen behaupten? Es bleibt ihm gar nichts anderes übrig, als unterzugehen. Also wird der Fisch eines Tages wegtauchen und nicht wieder zum Vorschein kommen. Sicher ist es auch besser so.

Fische und Löwen leben einfach in zwei zu verschiedenen Welten, um eine gemeinsame Lebensform oder Lebenswelt füreinander zu schaffen. Sie sind wirklich Feuer und Wasser und passen nicht zusammen.

Der Fisch und die Jungfrau

Die Gegen-Zeichen

Die Jungfrau und der Fisch stehen sich im Tierkreis im Abstand von einhundertachtzig Grad gegenüber. Daher werden sie als sogenannte „Gegen-Zeichen" beschrieben.

Diese astrologische Konstellation stellt immer eine große Herausforderung dar. Die Jungfrau und der Fisch könnten beide voneinander lernen, da sie jeweils die Ergänzung des anderen darstellen.

Die Palette der zu lernenden Qualitäten ist immens, da beide genau das verkörpern, was dem anderen fehlt.

Der träumerische Fisch lernt Sachlichkeit und die Fähigkeit, sein Leben einmal realistisch zu betrachten. Die Jungfrau dagegen wird mit „Gefühl pur" konfrontiert. Sie kann einmal Einblick gewinnen in die unergründlichen Tiefen des menschlichen Seelenlebens.

Eine Kombination, die eine Vielfalt an Entwicklungsmöglichkeiten bietet, die allerdings dann in schweres Wasser gerät, wenn die Jungfrau versucht, Probleme mittels sachlicher Argumentation zu lösen, während der Fisch sich meistens in eine nicht mehr greifbare Innenwelt zu entwinden versucht.

Der Fisch und die Waage

Ein zartes Band

Die Verbindung zwischen der Waage und einem Fisch wird eine Beziehung der leisen Töne sein.

Fische sind überaus sensible Wesen, die außerdem eine große Neigung zur Romantik und zur Schönheit zeigen. Gerade die letztgenannte Qualität wird die Waage überaus zu schätzen wissen.

Neben der Ästhetik wird die Waage bei den im Zeichen der Fische Geborenen auch die Zärtlichkeit zu schätzen wissen. Hier können sich stilvolle Kuschelstunden ergeben, die beide Seiten genießen und lieben werden.

Auch in kontroversen Fragen wird es zwischen der Waage und dem Fisch überaus leise zugehen. Keine der beiden Seiten wird dem oder der anderen eine laute Szene hinlegen. Vielleicht gibt es auf der Seite des Fisches ein paar Tränen, welche die Waage aber mühelos zu trocknen vermag.

Eine Kombination der stillen Genießer, die große Möglichkeiten bietet!

Der Fisch und der Skorpion

Weiches und Hartes

Eine durchaus spannende Beziehung mit offenem Ende!

Der verträumte, zarte und überaus romantische Fisch findet beim Skorpion eine starke Hand. Der Skorpion dagegen kann vom Fisch lernen, seine weiche Seite zu zeigen und sich auch einmal verletzlich zu geben. Wenn die beiden dieses Wechselspiel liebevoll und mit Respekt vor der Persönlichkeit und Eigenart des anderen entfalten lernen, kann es die große Liebe werden. Der Skorpion wird dann seinen Fisch sicher nicht mehr von der Angel lassen.

Im Schlafzimmer müssen die beiden sich allerdings erst annähern; denn die zartbesaitete Fischseele fühlt sich anfänglich wahrscheinlich von der skorpionischen Leidenschaft und erotischen Energie etwas überwältigt. Doch auch hier kann sich allmählich eine Vertrautheit einstellen, die auf Einfühlungsvermögen und Rücksicht aufgebaut ist.

Zwei Partner, die viele Entfaltungsmöglichkeiten vor sich haben, die allerdings auch an der Unterschiedlichkeit von „Weichem und Hartem" scheitern können.

Der Fisch und der Schütze

Die Romantiker

Wenn die Verbindung von Schütze und Fisch auf einer liebevoll-berührenden Ebene stattfindet, können die beiden gemeinsam die romantischsten Stunden ihres Lebens verbringen. Das Feuer im Kamin geht gar nicht aus und es bleibt nur zu hoffen, dass im Keller genügend Rotwein und im Kühlschrank ausreichend Champagner vorhanden ist!

Der Schütze bringt zudem Klarheit in die Gefühlswelt des Fisches, was diesem außerordentlich gut bekommen wird. Der Schütze analysiert, ohne zu bewerten. Dies gibt dem Fisch das Gefühl, wirklich vom Wesen her angenommen zu werden.

Die Dynamik des Schützen wird dem Fisch zudem schwierige Entscheidungen abnehmen und ihn schlicht in die Arme schließen. Beide sollten allerdings darauf achten, dass das Gleichgewicht der Kräfte zwischen ihnen stimmt. Der Schütze könnte dazu neigen, zu sehr den Herrschaftsbereich in der Beziehung zu besetzen. Das würde für ihn aber gerade negative Auswirkungen haben, denn der Schütze wird dieser Rolle irgendwann überdrüssig, schließlich will er fördern *und* gefördert werden.

Wenn der Schütze und der Fisch diese Klippe umschiffen können, dürften sich zauberhafte Gewässer des Glücks vor ihnen auftun.

Der Fisch und der Steinbock

Die zwei ganz Gegensätzlichen

Eine Kombination von zwei sehr unterschiedlichen Charakteren, die aber durchaus Entwicklungsmöglichkeiten bietet.

Der Steinbock liefert dem Fisch genau den Schutz, den dieser so überaus nötig hat. Der Fisch dagegen kommt dem Steinbock in seiner sensiblen und feinfühligen Art entgegen und sucht die innere und äußere Bindung. Damit kann der Steinbock im Allgemeinen gut leben.

Der Fisch ist zudem für die kleinen Attacken und Angriffe des Steinbocks kaum empfänglich und so kann es den beiden ungleichen Partnern nach und nach gelingen, sich aufeinander zuzubewegen und Verständnis füreinander zu entwickeln.

Beide der sehr verschiedenen Partner könnten viel voneinander lernen und dies zum Motor ihrer gemeinsamen Entwicklung machen. Ganz entscheidend wird es sein, die jeweilige Andersartigkeit des Partners zu respektieren, wobei vor allem der Steinbock aufgerufen ist, die sensible Seite des Fisches zu sehen und nicht zu verschrecken oder zu verletzen.

Eine Verbindung, die ihren ureigenen Reiz besitzt!

Der Fisch und der Wassermann

Das Problem mit der Romantik

Zwischen dem luftigen Wassermann und dem gefühlsbetonten Fisch wird es mehr Spannungen und Missverständnisse geben, als einer engen Liebesbeziehung gut tun wird.

Der übersprudelnde Wassermann mit seinem schier unerschöpflichen Ideenreichtum wird für den Fisch nur schwer nachzuvollziehen sein. Der Fisch sucht einen festen Halt und die großen, tiefen Gefühle. Hier befindet sich seine wahre Geborgenheit und seine innere Sicherheit.

Beides wird er gerade beim Wassermann aber nicht finden; denn diesbezüglich ist er bei ihm an der völlig falschen Adresse.

Der Wassermann wird sein Leben eher sachlich und logisch aufbauen und mit der verträumten Art des Fisches kann er wenig anfangen. Und natürlich auch umgekehrt.

Eine Beziehung, die mehr Enttäuschung und Schwierigkeiten verspricht, als Wachstum und Inspiration zu garantieren.

Der Fisch und der Fisch

Ein Leben in Fantasien

Natürlich werden sich zwei Fische auf eine wundersame Art geradezu blind verstehen. Sie verfügen ja beide über die gleichen Verständnisstrukturen, dieselbe Intuition und ein gleichartiges Gefühlsleben.

Wenn zwei Fische ihre gemeinsamen Fantasiewelten zusammenlegen, ergeben diese das Paradies oder zumindest ***ein*** Paradies. In diesen Sphären und Reichen können sie ihren gemeinsamen Träumen folgen und ihren Wünschen und Sehnsüchten nachgehen.

Doch eines Tages kommt der Moment, in dem sie auf grausame Weise die raue Wirklichkeit einholt. Dann aber wird es furchtbar!

Wenn dieser schreckliche Augenblick eintritt, wäre für den Fisch natürlich ein etwas „handfesterer" Partner die bessere Wahl.

Die beiden Fische sind sich zwar in ihrer Innenwelt einig, aber es fehlt ihrer Beziehung, zumindest in den meisten Fällen, an äußerem Bestand und Nähe zur Wirklichkeit.

Auch zwei Fische können nicht mehrere Tage im Bett oder in Fantasien zubringen, irgendwer muss schließlich losgehen, um sich um das tägliche Brot zu kümmern. Aber wer von beiden wird es sein?

Sexualität: Der Fische-Mann

• Der Genießer

Ein Fische-Mann wird praktisch nie auf eine „schnelle Nummer“ aus sein. Diese Form des Liebeslebens entspricht in gar keiner Weise seinem Naturell.

Männliche Fische sind hochsensible Wesen, welche die Liebe zelebrieren und mit vollendetem Genuss erleben wollen. Sie werden alle Vorbereitungen treffen, um mit ihrer Partnerin einen unvergesslichen Abend zu verleben.

• Das Äußere

Für einen männlichen Fisch muss im Liebesleben sowohl das Innere wie auch die Außenwelt stimmen. Ein unaufgeräumtes, schlecht durchlüftetes Schlafzimmer ist ganz gewiss nicht nach seinem Geschmack.

Fische-Männer benötigen eine romantische Atmosphäre, bei der alle Einzelheiten stimmen müssen. Er wird auf die ausgewählten Düfte der Aromaleuchte ebenso achten wie auf das liebevolle Angenommensein; denn beides ist für den Fisch gleich wichtig.

Nur wenn alle äußeren und inneren Faktoren stimmen, kann sich der Fische-Mann wirklich öffnen und auf seine Partnerin zugehen.

• Nichts ist verboten

Der sich ohnehin ins Grenzenlose verströmende Fisch kennt auch in seinem Liebesleben keine Barrieren.

Alles darf sein oder, mit Shakespeare gesprochen, erlaubt ist, was gefällt.

Solange eine Form des Liebesspiels der gemeinsamen Lust dient, ist der männliche Fisch für jedes Experiment offen.

Aufgrund seiner ausgefallenen Fantasie bleiben für seine Partnerin selten Wünsche unerfüllt, und so gehen sie gemeinsam, wohin die Wünsche sie tragen.

• Immer etwas Neues

Fische-Männer beherrschen beide Seiten des Liebesspiels: Sie verwöhnen gerne und voller Kunst, sie lassen sich aber auch gerne verwöhnen. In diesem Fall sollte ihnen die Liebe jedoch immer mit Abwechslung begegnen. Routine darf es in ihrer Sexualität niemals geben; sondern jede Begegnung sollte immer wieder eine neue Note im unendlichen Klangraum der Liebe ertönen lassen.

Für seine Partnerin stellt der anspruchsvolle Fisch daher in seiner Sexualität durchaus eine große Herausforderung dar; denn er langweilt sich einfach sehr schnell!

• Liebe geht durch die Füße

Die Füße sind, es wurde bereits erwähnt, der spezielle Körperteil der Fische. Auch in seinem Liebesleben reagiert der Fisch in diesen beiden Körperteilen äußerst sensibel. Eine zärtliche Berührung seiner Füße kann einen hochempfindlichen Fisch geradezu elektrisieren.

Was immer seiner Partnerin im Zusammenhang mit seinen Füßen auch einfallen mag, vom Öl bis zur Feder, er wird es mit ganzer Hingabe genießen.

Für einen Fisch geht die Liebe durch die Füße!

Das Problem mit der Treue

Der Fisch ist ein Botschafter der Liebe; und daher ist die Treue nicht unbedingt seine Sache. Sie wird vielleicht in reiferen Jahren eher zur Diskussion stehen, wenn die Vernunft ein stärkeres Gewicht in seinem Leben erhält. Davor jedoch wird er, weil er von seinem Herzen gelenkt und nicht von seinem Kopf gesteuert wird, der Treue immer nur den zweiten Platz nach der Liebe einräumen.

Im Leben des Fische-Mannes haben viele Frauen Platz, niemals sollte *sie* daher vergessen: Ein männlicher Fisch liebt; aber er liebt nicht nur einmal!

Keine Dominanz

Der männliche Fisch muss nicht unbedingt den Ton angeben. Weder im Leben noch in der Liebe neigt der Fisch zu dominanten Zügen. Er kann sich ganz dem Fluss des Lebens ergeben und fließt mit ihm, wohin er ihn treibt.

Daher ist der Fische-Mann auch im Bett offen für die Wünsche und Fantasien seiner Partnerin und wird sich durch sie, wenn sie kreativ und abenteuerlich sind, eher inspirieren als abschrecken lassen.

Der ideale Liebhaber

Wer als Frau grundsätzlich mit dem Wesen der Fische zurechtkommt, wird sich mit einem Fische-Mann durchaus gratulieren können. Dieser Mann ist nahezu der ideale Liebhaber!

Männliche Fische können Leidenschaft, Zärtlichkeit, Frivolität und ihre ureigene Fische-Fantasie zu einem einzigartigen Ganzen verbinden. So wird er im Bett ein wahres Feuerwerk abbrennen und seiner Geliebten einige unvergessliche Stunden schenken.

Ohne Zweifel zählen die im Sternzeichen Fische geborenen Männer zu den sensibelsten und einfühlsamsten Liebhabern im Tierkreis!

Sexualität: Die Fische-Frau

Wild, aber mit Stil

Ein ungehobelter Klotz wird bei einer feinfühligen Fische-Frau wohl bestenfalls einen Korb mit kleinen Sardinen ernten. Man muss schon ein Kavalier sein, um bei der stilvollen Dame zu landen, welche die Sonne erstmals im Zeichen der Fische erblickte.

Fische-Frauen sind dabei durchaus nicht spröde oder konservativ. Ganz im Gegenteil. Wenn sich die Schlafzimmertür geschlossen hat, sind sie für absolut alles offen, was ihnen Zärtlichkeit schenkt und Lust bereitet.

Fische-Frauen sind die Vulkane, die nur im Verborgenen explodieren.

Und auch hier die Füße!

Wie bei ihrem männlichen Gegenüber geht auch bei der Fische-Frau die Liebe durch die Füße. Vor allem beim herantastenden Liebesspiel sollte *er* ihre Füße niemals außer Betracht lassen, denn sie sind wirklich ganz besonders empfindliche Körperpartien.

Kein Liebhaber einer Fische-Frau wird später die Zeit bereuen, die er anfänglich in die Füße seiner Geliebten „investiert" hat.

Romantisch und leidenschaftlich

Beide Qualitäten gehören untrennbar zu einer Fische-Frau. Sie ist natürlich ein überaus romantisches Wesen und vielleicht in der Außenwelt sogar von einer gewissen Schüchternheit; doch diese wird sich ganz schnell verlieren, wenn die Nacht der Liebe den Tag verdrängt.

In der Geborgenheit einer liebevollen Bindung wird eine Fische-Frau ungeahnte Temperamente zur Entfaltung bringen.

Die wahre Sinnlichkeit

Eine entspannte Atmosphäre, gepaart mit viel Verständnis und liebevollem Angenommensein, wird der Fische-Frau den Boden bereiten, um die nötige Offenheit für ihren Partner zu entfalten. Mag eine Fische-Frau in ihrem Alltagsleben auch auf feine Umgangsformen achten, so legt sie die Etikette spätestens unter der Dusche ab. Im Bett regiert dann die reine Lust und die wahre Sinnlichkeit. Hier haben Männer mit Fische-Frauen schon sagenhafte Überraschungen erlebt!

Die Fantasie an die Macht

Weibliche Fische sind ausgesprochen fantasievolle Geschöpfe, erwarten den gleichen Ideenreichtum aber auch von ihrem Partner. Eintönigkeit im Bett wäre für sie das Ende. Für die sinnenfrohe Fische-Frau ist Abwechslung ein absolutes Muss. Alltags-Sex ist wahrlich nicht ihre Sache. In diesem Fall müsste sie notfalls sofort die Initiative ergreifen, um Abhilfe zu schaffen.

Und auch hier das Problem mit der Treue!

Die weiblichen Fische stehen ihren männlichen Pendants in puncto Treue in nichts nach. Sie wären ja durchaus bereit dazu, wenn nur diese Lust auf heimliche Affären nicht wäre ...

Noch dazu kann eine Fische-Frau nur sehr schwer Nein sagen; und hat überdies in ihrem Herzen für Vieles Platz. Dieses „Viele" muss noch nicht einmal zusammenpassen. Hauptsache, sie kann es zusammen fühlen!

Die Sehnsucht der weiblichen Fische nach anderen Berührungen entsteht vor allem dann sehr stark, wenn sie sich in ihrer bestehenden Partnerschaft nicht angenommen fühlen oder wenn in dieser die Routine Einzug gehalten hat. Dann wird sich ihre natürliche Neigung nach anderen Betten verstärkt entfalten. Außerdem will sie natürlich „die Erste" sein und sich auf keinen Fall mit der Rolle der Nebenfrau begnügen; dann geht sie schon eher selber auf Nebenwege!

Kapitel 4

Gesundheit

Allgemeine Ratschläge

Die Atmosphäre ist entscheidend

Wollte man den Fischen einen allgemein wichtigen Ratschlag erteilen, so müsste man sie darauf hinweisen, dass gerade Fische-Menschen auf die Atmosphäre achten sollten, in der sie leben.

Wenn Fische sich in einer Atmosphäre aufhalten, die ihnen feindlich gesinnt ist, die nicht „fischgemäß" ist, so neigen sie sehr schnell dazu, Krankheiten zu entwickeln.

Fische benötigen, noch weit stärker als andere Menschen, eine freundliche Atmosphäre und das Gefühl von Angenommensein, andernfalls drohen depressive Zustände oder zumindest eine betrübt-melancholische Stimmungslage. Beides bildet bei Fischen den unerfreulichen Nährboden für Erkrankungen oder psychische Tiefschläge.

Fische sollten daher all ihre Kraft darauf verwenden, in einer harmonischen und ausgeglichenen Umwelt zu leben.

Das Innere nach außen bringen

Fische laufen ständig Gefahr, zu viel „in sich hineinzufressen". Sie sind viel zu verschlossen und schaffen es daher nicht, Empfindungen von innen auf heilsame Weise nach außen zu bringen.

Auch die intensive Traumwelt der Fische kann die realen Missstände in ihrem Leben nicht auffangen oder gar neutralisieren. Für die im Zeichen der Fische geborenen Menschen ist es daher von besonderer Bedeutung, zu lernen, mit anderen über ihre Sorgen und Probleme zu sprechen. Fische müssen mitteilungsfähiger werden!

Manches Mal genügt es für sie bereits, sich mit einem anderen Menschen austauschen zu können, um sich wieder frei und gesund zu fühlen. So lernen sie schrittweise, über ihre Probleme hinwegzusehen und mit einem gewissen emotionalen Abstand die eine oder andere gute Lösung zu finden. Da Fische über genügend Kreativität verfügen, genügt es für sie in den meisten Fällen, ausreichend Harmonie zu erschaffen, um diese Kreativität zur Problemlösung einzusetzen.

• Sport

Fische sollten stets auf eine ausreichende sportliche Betätigung achten, denn sie sind nicht immer gewillt, ihrem Körper genügend Übungsstunden zukommen zu lassen.

Vor allem wenn die Fische das magische Jahr mit der Zahl 40 erreicht haben, wird dieses Thema ausgesprochen spruchreif; denn von jetzt an stellt das Thema „Gewichtszunahme" ein ernsthaftes Problem dar.

Wenn die Fische sich jedoch gewissenhaft einem gezielten Fitness-Programm zuwenden, sollten alle diese Probleme mit ein wenig Disziplin leicht in den Griff zu bekommen sein. Ohne Disziplin wird es jedoch nicht unerhebliche Schwierigkeiten geben.

Die Psychosomatik

Die moderne, aufgeschlossene medizinische Forschung erkennt immer mehr, in welch unglaublicher Weise Körper und Seele eine Ganzheit bilden. Wenn die Seele leidet, wird in relativ kurzer Zeit auch der Körper in Mitleidenschaft gezogen; und bei den Fischen gilt dieses Gesetz in ganz besonders dramatischer Weise!

Fische sind schlichtweg empfindsamer als andere Menschen. Durch ihre überaus sensible Wesensart nehmen sie schneller disharmonische Energien und Einflüsse auf, die sie im schlimmsten Fall regelrecht krank werden lassen. Es wäre dann ein weiteres Übel, würde man die psychosomatisch erkrankten Fische auch noch mit starken Medikamenten auf einer ausschließlich körperlichen Ebene behandeln. Hier bleibt zu hoffen, dass eine Medizin der Zukunft den Menschen wieder in seiner Ganzheit aus Körper, Seele und Geist anerkennt.

Die Schwachzonen der Fische

Die Fische und die Füße

Wie bereits mehrfach angedeutet, werden den Fischen von der Astrologie die Füße und Knöchel zugeordnet. Zumeist findet man bei den Fischen Füße, die besonders schön geformt sind.

Im Krankheitsfall wiederum können Fische-Füße die ganze Palette aufweisen, von den Hammerzehen über die Hühneraugen bis hin zu Nagelbettentzündungen. Wenn die Fische sich vor Augen halten würden, dass ihre Schwachzone am untersten Ende ihres Körpers liegt, wären manche Erkrankungen durch ein wenig Vorbeugung zu vermeiden.

Die Schuhe

Die Füße von Fischen benötigen ständig eine besondere Pflege und Aufmerksamkeit. Da die Mitteleuropäer, anders als etwa Inder oder Hawaiianer, nicht barfuß durch das Leben gehen können, kommt ihrem Schuhwerk besondere Bedeutung zu. Fische haben hier häufig schon beim Schuhkauf erhebliche Probleme zu überwinden.

Grundsätzlich kann man den Fischen nur den guten Ratschlag erteilen, notfalls an allem zu sparen, aber niemals an guten Schuhen. Das Geld, was sie hier investieren, zahlt sich allemal aus!

Die Genießer

Die Fische, als sinnenfrohe Geschöpfe, zählen im Tierkreis zu den echten Genießern. Da sie erhebliche Schwierigkeiten haben, Grenzen einzuhalten, überfordern sie, vor allem in anregender Gesellschaft, gerne ihren Magen und Darm mit dem übermäßigen Genuss aller möglichen leckeren Dinge. Das wird sich natürlich irgendwann rächen und der Fisch muss sich fragen, ob er nicht irgendwann lernen will sich abzugrenzen.

Grundsätzlich bleibt den Fischen gegenüber nur der altbewährte Appell: Maßhalten!

Die Fische-Frauen und die Knöchel

Gerade die weiblichen Fische werden bestätigen können, dass die Füße, besonders die Knöchel, ausgesprochene Problemzonen sind. Sie leiden immer wieder unter verstauchten oder angeknacksten Knöcheln und Fußgelenken.

Auch in diesem Fall wäre mit gutem Schuhwerk das Verletzungsrisiko deutlich abzusenken.

Die Suchtgefahr

Bei keinem anderen Sternzeichen steht die Warnlampe bezüglich Suchtgefahr so häufig auf Rot wie bei den Fischen. Sie gelten in dieser Hinsicht als extrem gefährdet.

Fische tragen in ihrer Seele eine tiefe, unauslöschliche Sehnsucht nach der „anderen Welt“, nach höheren Dimensionen, nach der Erfahrung von Grenzenlosigkeit. Diese unstillbare Sehnsucht macht sie so empfänglich für die Verführung, mit chemischen Mitteln etwas zu erreichen, was doch nur am Ende eines langen geistigen Weges stehen kann.

Hier gilt es für die Fische immer wieder klar zu erkennen: Die Erleuchtungspille ist nur eine trügerische Illusion!

Ein guter Rat an die Fische

Erholungsphasen

Fische sind so empfängliche und empfindsame Menschen, dass sie immer wieder ausreichend Zeit benötigen, um sich ausgiebig seelisch zu erholen. Regelmäßige Regenerationsphasen sind für Fische notwendiger als für alle anderen Sternzeichen.

Fische sind grundsätzlich nicht so belastbar wie andere Menschen und benötigen daher immer wieder Erholungspausen, bevor sie sich neuen Herausforderungen und Aufgabenstellungen widmen können.

Das Wasser-Element

Fische erholen sich am besten in ihrem ureigenen Element – dem Wasser. Im Wasser fühlen sich Fische, wen wird es wundern, am wohlsten. Hier können sie wahrhaft entspannen und sich regenerieren.

Schwimmen und Tauchen sind für alle Menschen, die im Sternzeichen Fische geboren sind, ein wahrer Jungbrunnen und von unschätzbarem Wert. Wann immer es ihre Zeit erlaubt, sollten sie sich die Möglichkeit einräumen, in die Fluten zu tauchen. Notfalls in jene des örtlichen Hallenbades.

Kreativität

Wenn Fische ihr kreatives Potenzial nicht ausleben können, kann auch darin die Ursache für eine Erkrankung liegen. Daher benötigen sie dringend ein Gebiet, auf dem sie diese Kräfte entfalten können.

Ein in seiner Kreativität blockierter Fisch wird relativ schnell in eine depressive Stimmung verfallen, mit all den unerfreulichen Begleiterscheinungen, die dies zur Folge haben kann.

Keine Macht den Drogen!

Keinem anderen Sternzeichen muss so dringend geraten werden, sich von allen Drogen fernzuhalten, wobei allerdings Alkohol an erster Stelle genannt werden muss. Die Flucht in die Traumwelt durch den regelmäßigen Rausch wäre eine Flucht ins Unheil, was Fischen gar nicht früh genug vor Augen gehalten werden sollte.

Eine gesunde Ernährung ist für den Fisch ein Muss, aber von seiner Seite her nicht immer leicht zu beherzigen.

Fische schwelgen und genießen und neigen zu eigenartigen Angewohnheiten, die sie zudem nur äußerst schwer wieder aufgeben können.

Sanfte Heilweisen für die Fische

• Fußreflexzonentherapie

Für den Fisch mit seinen hochsensiblen Füßen eine ideale Therapieform. Er wird über seinen ganzen Körper auf diese Behandlung reagieren und auch im diagnostischen Bereich kann dem geschulten Fußreflexzonentherapeuten alles über die Füße entschlüsselt werden, was sich im Körper des Fisches abspielt.

• Metamorphose-Technik

Die Metamorphose-Technik stellt eine neuartige Methode zur Berührung des Körpers dar, auf die gerade der feinfühlige Fisch ausgesprochen positiv ansprechen sollte. Die Behandlung stellt einen eher intuitiven Vorgang dar, der nach innen führt und von fixierten Programmen befreien soll. Stattdessen werden im Körper neue, positive Muster hervorgebracht.

• Yoga

Der mystische Fisch wird dem uralten Yoga-Pfad von vornherein äußerst aufgeschlossen gegenüberstehen. Fische erkennen meist sehr schnell, dass Yoga weitaus mehr bedeutet, als einige Körperübungen auf der Isomatte auszuführen.

Mit seinem Gespür für spirituelle Wirklichkeiten dringt der Fisch schon bald in die Tiefen asiatischer Versenkungskunst ein und erlebt das beglückende Gefühl von Grenzenlosigkeit auf einer höheren Ebene.

Er erfährt Eins-Sein dort, wo es wahrhaft existiert und nicht von einer verträumten Fisch-Natur nur wunschhaft konstruiert wurde.

• Traumtherapien

Fische, die ein äußerst intensives Traum-Erleben aufweisen, reagieren in den allermeisten Fällen äußerst positiv auf alle Formen von Traumtherapien. Auf diese Weise können häufig tiefsitzende Traumata überwunden werden.

Auch empfiehlt es sich für den Fisch, ein Traumtagebuch anzulegen und regelmäßig damit zu arbeiten.

• Das Bachblüten-Mittel

Kaum eine andere sanfte Heilweise hat in den vergangenen zehn Jahren eine solche Erfolgsstory aufzuweisen wie die Blütentherapie von Dr. Edward Bach. Ihre geniale Einfachheit macht das Geheimnis ihres Erfolges aus. Für jedermann leicht anwendbar, sind die Pflanzenessenzen dennoch überaus wirksam.

Das Bachblüten-Mittel für die Fische ist

ROCK ROSE (Gelbes Sonnenröschen).

Der Fisch, das Zeichen der Auflösung, scheint sich niemals zu sammeln. Menschen unter diesem Zeichen fehlt es gewöhnlich an Willenskraft und Ehrgeiz, was so weit führen mag, dass die persönliche Identität bedeutungslos wird. Vielleicht geschieht dergleichen, weil die Fische eine Einheit suchen mit etwas, das größer ist als sie selbst.

Dieses Zeichen gehört (zusammen mit Stier, Jungfrau und Schütze) zu den spirituellen Zeichen, wobei die Fische Ehrfurcht und Opferbereitschaft offenbaren. Als Zeichen des inneren Vertrauens, das sich mit dem Schlüsselwort „ich glaube" ausdrückt, wurde dieses Symbol von der frühen Christenheit aufgegriffen.

Das Zeichen Fische besitzt das tiefste Mitgefühl. Es ist empfindsam gegenüber allen Dingen, nicht nur gegenüber der vertrauten Umwelt, wie dies für den Krebs zutrifft. Seine Selbstlosigkeit ist so ausgeprägt, dass sie oft betroffen macht. Man könnte manchmal glauben, sie resultierte vor allem daraus, dass die unter diesem Zeichen Geborenen niemals selbst wissen, was sie eigentlich wollen. Solche Menschen müssen ihre Empfindsamkeit ausdrücken, auch wenn es schmerzt.

• Rock Rose – Gelbes Sonnenröschen

Diese Bachblüte wird gewöhnlich in Notfällen oder bei großer Angst und Furcht verwendet. Sie ist eines der Mittel in Dr. Bachs berühmten Notfalltropfen (Rescue Remedy). Die Ängste, für die Rock Rose eingesetzt wird, können vielfältiger Art sein, doch besitzen gerade die Fische-Menschen eine auffallende Empfänglichkeit für solche Attacken.

Der Rock Rose-Typus wird schnell zum Opfer von Ängsten. Er bietet oft einen Angriffspunkt für Kränkungen und gerät leicht in Panik. Solche Menschen sind sehr anfällig für Neurosen und besitzen eine Neigung zu psychischen Erkrankungen.

Bei Fischen des Rock-Rose-Typus wird ein Mangel an Selbstvertrauen offenbar. Es fehlt ihnen an Energie und Schwung, da sie sich bereits durch den Kraftaufwand zur Beherrschung mancher Ängste erschöpft fühlen. Vor allem fürchten diese Menschen die Isolation, das Alleingelassen werden. Sie empfinden Verlustangst und haben das Gefühl, sie seien auf Erden sich selbst überlassen.

Der konstruktive Rock-Rose-Typus zeigt ein tiefes Einfühlungsvermögen. Er ist selbstlos, bereit, für andere Opfer zu bringen, und liebevoll. Er tut Gutes um des Guten willen. „Verströme dich ohne Bedenken“, so lautet seine Lebensphilosophie.

Diese Rock-Rose-Fische bleiben zwar immer noch ein wenig weltfremd, doch auf wahrhaft wissende und spirituelle Weise. Diese Menschen gehören zu den fortgeschrittensten der Menschheit.

Das Aura-Soma-Mittel

Eine weitere sanfte Heilweise, die gerade erst begonnen hat, in breiteren Kreisen Anerkennung zu finden, sind die Farb- und Duft-Öle von Aura-Soma, einer englischen Gemeinschaft. Da die vielen Ölfläschchen, die wunderbar duften und sehr schön anzuschauen sind, nicht allgemein einem Sternzeichen zugeordnet werden können, empfiehlt es sich, einen der vielen Aura-Soma-Therapeuten zurate zu ziehen, die heute praktisch in jeder mittelgroßen Stadt anzutreffen sind.

Es hat sich herausgestellt, dass es eine ausgesprochen positive Wirkung hat, seine persönliche Aura-Soma-Flasche neben das Bett zu stellen.

Kapitel 5

Essen und Trinken

Die Fische in der Küche

Die Verwöhn-Köche

Fische kochen gerne. Allerdings werden sie sich nicht darum reißen, jeden Tag in der Küche zu stehen und vor sich hin zu brutzeln. Aber wenn sich eine passende Gelegenheit und ein günstiger Anlass bieten, so bereitet ihnen ein Ausflug in die Welt der Kochkunst durchaus viel Vergnügen.

Fische werden am liebsten für andere kochen. Nur für sich allein zieht es sie kaum in die Küche, da genügt wahrscheinlich der Kühlschrank. Doch wenn sich ein lieber Mensch eingestellt hat, den sie mit Freuden verwöhnen möchten, dann zieht es sie immer wieder an den Herd. Sie sind die reinen Verwöhn-Köche!

Einmal durch den Gemüsegarten

Fische-Köche sind absolut flexibel. Sie kochen einmal durch den Gemüsegarten oder quer durch das Fisch-Bassin. Sie legen sich nicht darauf fest, was sie besonders mögen und was weniger.

Für den Fisch spielt es keine Rolle, ob er sich an Großmutters Klößen oder an der Nouvelle Cuisine erfreut. Hier kann es jede Menge Variationen geben. Nur gut schmecken muss es natürlich. Und schön aussehen sollte es schon auch.

Ein Happen zu viel

Fische bemühen sich, in der Küche ein wenig Vernunft walten zu lassen. Daher kümmern sie sich vielfach um eine ausgewogene Speisenzusammenstellung. Dieser Vorsatz ist natürlich löblich, nur wird er in vielen Fällen dadurch wieder aufgehoben, dass die Fische von diesen Speisen dann doch immer wieder einmal den einen oder anderen Happen zu viel zu sich nehmen.

Es schmeckt ihnen einfach gar zu gut. Und immer wieder dieses elende Problem mit der Grenze …

Ihre Küche

Fische werden sich am liebsten in einer Küche aufhalten, die ein helles Ambiente hat. In düsteren Kochnischen werden sie sich unwohl fühlen. Außerdem ist ihre Küche äußerst geschmackvoll eingerichtet, sodass sie sich darin absolut wohlfühlen. Gerade für Fische ist dies unverzichtbar, sonst schlägt ihr unbehagliches Gefühl bis auf die Speisen durch!

In der Ausrüstung ihrer Küche legen sie Wert auf besonders praktische Utensilien. Überflüssiges findet sich in ihrer Küche selten; aber es darf vielleicht ein wenig Luxus vorherrschen. Wenn sie schon in der Küche sind, soll es ihnen dort auch gefallen.

Die Fische und der Fisch

Wie sollte es auch anders sein, Fische lieben alle Formen von Fisch-Gerichten. Beim Zubereiten ihrer „Art-Genossen" entwickeln sie eine wahre Meisterschaft.

Neben den reinen Fischgerichten bevorzugen sie noch alle anderen Meerestiere sowie alle Variationen der vegetarischen Küche. Vor allem wenn es sich um ernährungsbewusste Fische handelt, wird hier ein Schwerpunkt ihrer Kochkunst liegen.

Vor allem jenen Fischen, die immer wieder den erwähnten „Happen zu viel" zu sich nehmen, wäre diese Ernährungsweise zu empfehlen. Da hält sich ein möglicher Schaden in Grenzen.

Die Fische und ihre Gäste

• Man fühlt sich wohl

Da die Fische ja, wie dargelegt, zu den Verwöhn-Köchen gehören, werden sich ihre Gäste problemlos wohl in ihrem Haus fühlen. Fische werden sich mehr noch als die meisten anderen Sternzeichen darum bemühen, dass es ihren Gästen gut geht und sie sich absolut „zu Hause" fühlen.

Selbst wenn Fische ihre Gäste nur flüchtig kennen, entwickeln sie in der Regel einen siebten Sinn, um deren Lieblingsgerichte zu erfassen. So widerfährt ihnen öfters der erstaunte Ausruf: „Woher wissen Sie denn, dass ich ... total gerne esse?" Was immer es war, es war jedenfalls ein Volltreffer. Wieder einmal hat sich die Intuition der Fische bezahlt gemacht!

Ausgewählte Gäste

Fische werden sich hüten, Menschen einzuladen, die ihnen nicht liegen. Sie achten auch beim Essen sehr darauf, dass die Atmosphäre stimmt. Und das wäre natürlich nicht der Fall, wenn einige „Ungeliebte" unter den Gästen wären. Selbst wenn es allen anderen nichts ausmachen würde, zumindest den Fischen macht es aber etwas aus. Und sie sind ja schließlich auch Gäste!

Eine Ausnahme von dieser Praxis wird ein Fisch nur dann machen, wenn ein entfernter Bekannter oder Freund besonders einsam ist und offensichtlich ein wenig Abwechslung benötigt. In diesem Fall kann der Fisch schon einmal von seinen Vorsätzen abweichen und ein Auge zudrücken. Dieser Gast sollte die Geste des Fisches dann aber auch zu würdigen wissen, zumindest innerlich. Das genügt meistens schon, weil der Fisch es ihm an den Augen abliest.

Die perfekten Gastgeber

Die im Zeichen der Fische geborenen Gastgeber zählen zu den perfektesten Exemplaren des Tierkreises. Sie schlüpfen mit Begeisterung in die Rolle des Gastgebers und erkennen mit aufmerksamem Blick (und natürlich ihrer Intuition!) sofort alle Bedürfnisse ihrer Gäste. Zudem geben sie sich, vorausgesetzt die Atmosphäre stimmt, überaus gesellig und fröhlich.

Als Gast fühlt man sich im Fische-Haus sofort wohl und geborgen und hat das Gefühl, dass einem alle Wünsche von den Augen abgelesen werden. Eigentlich ist es schon kein Gefühl mehr, sondern nur eine Feststellung des tatsächlichen Geschehens!

Das okkulte Gespräch

Wenn das Tischgespräch auf ihr Lieblingsthema kommt, werden Fische mit vollkommener Aufmerksamkeit bei der Sache sein. Auf dem Gebiet des Mystischen, Esoterischen und Spirituellen liegt ihre besondere Neigung. Wenn dieses dann noch mit einem persönlichen Schicksal verbunden ist, wird ihr Interesse gleich von zwei Seiten geweckt. In diesem Fall können die Fische die Letzten sein, die ins Bett gehen, nicht nur weil sie die Gastgeber sind, sondern auch dann, wenn sie selbst als Gäste eingeladen waren.

Wenn ein Gespräch anlässlich einer Einladung allerdings nicht nach ihrem Geschmack verläuft, kann es durchaus geschehen, dass Fische geradezu fluchtartig den Ort der Einladung verlassen, unter dem Vortäuschen irgendeiner fadenscheinigen Erklärung.

Ihre eigentlichen Interessen sind einfach davongeschwommen, und so schwimmen sie eben hinterher. Und schon sind sie weg!

Achtung Alkohol!

Der Alkohol stellt für Fische eine ständige latente Gefahrenquelle dar, die sie immer sehr bewusst und mit großer Wachheit im Auge behalten sollten.

Fische trinken bekannterweise gerne, denn der „Fisch muss ja schwimmen“! Allerdings zählen sie nicht gerade zu den Menschen, die übermäßig trinkfest sind. Da kann dann schnell wieder das bekannte Problem der „Grenze“ auftreten; und möglicherweise fragt sich der Fisch am Morgen, wieso denn der Abend so eigenartig verlaufen ist.

Die Lieblingsgerichte der Fische

Immer wieder Fisch

Natürlich werden die Fische mit Vorliebe zu Fisch-Gerichten greifen, gleichgültig ob sie selber kochen oder ob sie sich im Restaurant verwöhnen lassen.

Fische zeigen dabei keine besonderen Vorlieben. Sie essen die Forelle genauso gerne „blau“ wie auch auf „Müllerin Art“. Hauptsache, sie war frisch und ist schmackhaft zubereitet. Und natürlich darf das Restaurant nicht wie ein Fischladen riechen. Der Fisch isst nämlich mit Augen und Nase!

• Ein typisches Fische-Rezept:

Norweger-Forelle

4 frische Forellen
etwas frische Petersilie
2 frische Lorbeerblätter
2 EL Olivenöl
½ Zitrone
1 Glas trockener Weißwein
etwas Fischfond
Zwiebeln
Salz
Pfeffer
Räuchersalz

Die sorgfältig ausgenommenen Forellen werden von innen und außen ausgiebig gewürzt, wobei das Räuchersalz mit Bedacht verwendet werden sollte. Anschließend wird jeweils ein halbes (oder ein kleines) Lorbeerblatt in den Bauch der Forelle gelegt.

Aus Alufolie wird eine Art Backform gebildet, die den Forellen als Wohnung dient. Dann werden sie mit den klein gehackten Zwiebeln, Öl, dem Fischfond und den Zitronenscheiben bedeckt. Zum Schluss wird das Ganze dann noch dezent mit Weißwein beträufelt.

Die Folien werden dann sorgsam verschlossen und im Backofen bei etwa 180 °C ungefähr 25 Minuten gegart. Sie sollten dann am besten mit frischer Petersilie in der Folie serviert werden, da sich die leckere Sauce dort gesammelt hat.

Zu den Forellen kann frisches Baguette gereicht werden.

Die Lieblingsgetränke der Fische

Fische sind praktisch immer in Champagner-Laune. Gleichgültig ob es ein Bellini-Cocktail ist oder ob zum Nachtisch Erdbeeren in Champagner-Sauce gereicht werden, Champagner gehört einfach zu ihrem Leben. Lieber verzichten sie eine Weile auf einen Restaurantbesuch oder kaufen nur sparsam ein, um dann jedoch die Champagner-Korken so richtig knallen zu lassen.

Falls es einmal nicht Champagner ist, bevorzugen die Fische eher weiche Weine. Einen lieblichen Burgunder etwa oder einen sehr gereiften deutschen Weißwein. Ein trockener Medoc mit viel Holzgeschmack wird ihnen dagegen kaum zusagen.

Wie ich einen Fisch verwöhne

Für alles offen

Fische sind selten vorgeprägt oder auf etwas Bestimmtes festgelegt. Sie probieren gerne neue Dinge aus, vor allem wenn es ihrem Sinn für Ästhetik entspricht.

Wichtiger für einen Fisch, wenn er eingeladen wird, ist die Atmosphäre. Sie zählt für ihn mehr als das beste Essen. Wenn die Küche hervorragend, die Bedienung jedoch „unter aller Sau“ ist, wird der Fisch trotzdem Magenbeschwerden bekommen.

Schauen Sie sich also genau an, in welches Lokal Sie Ihren Fisch entführen!

Die Schlemmer

Wenn Sie einen Fisch in ein gutes Lokal einladen, sollten Sie den Inhalt Ihrer Geldbörse im Auge behalten. Fische schlemmen gerne und essen meist zu viel. Ein 5-Gänge-Menü stellt für sie kaum ein Problem dar; möglicherweise aber für Ihre Kasse!

Der Kuschelabend

Wenn Sie einen Fisch zum kuscheligen Abendessen einladen, müssen Sie alle Register ziehen. Da darf es an nichts fehlen, wenn es ein wirklich gelungener Abend werden soll. Alle störenden Faktoren sollten Sie ebenso ausschalten wie alle elektrischen Lichtquellen. Kerzenschein ist angesagt und, sofern möglich, Kaminfeuer!

Mit Hard-Rock im CD-Player werden Sie Ihren Fisch kaum verzaubern können, schon eher mit Kuschel-Rock oder mit „Songs for Lovers“. Fische lieben nun einmal die zarten, sanften Melodien für die Seele.

Die tanzenden Fische

Fische tanzen für ihr Leben gerne. Sie sind ausgesprochene Bewegungs- und Rhythmus-Künstler und lieben Tanzlokale, in denen die Musik nicht zu laut, aber sehr stimmungsvoll ist.

Die kleine Diskothek mit dem originellen Discjockey könnte die rechte Wahl sein, das Bierzelt mit den schunkelnden Massen auf den Bänken wird es definitiv nicht sein.

Kino

Fische lieben das Kino. Vor allem Liebesfilme berühren sie zutiefst. Filme wie „Love Story" oder „Titanic" können Fische gleich mehrmals sehen, weil sie so schön das Herz rühren!

Ein gemeinsamer Kinobesuch könnte die Grundlage für all das bilden, was im Verlauf des späteren Abends mit dem Fisch noch folgen soll!

Genießer oder Asket

Die Grenzenlosigkeit

Um in die Reihe der Asketen zumindest am Rande aufgenommen zu werden, müssten die Fische als Erstes lernen, mit dem Problem der Grenze umzugehen. Asketen setzen sich prinzipiell immer irgendwelche Grenzen, die sie dann auf gar keinen Fall überschreiten werden.

In der Welt der Fische wiederum gibt es überhaupt keine Grenzen. In ihrer Welt verfließt alles; und wie soll da Askese aufkommen?

Die Schlemmer-Fische

Ein Asket, der gerne isst, wäre ein Widerspruch in sich. Damit ist praktisch alles über das mögliche Asketentum der Fische gesagt.

Fische lieben es einfach zu schlemmen und zu genießen. Zudem essen sie allzu häufig viel zu viel. Da bleibt die Askese, wenn sie denn überhaupt jemals ins Auge gefasst wurde, einfach auf der Strecke.

Kapitel 6

Kinder

Mein kleiner Fisch

Die Fantasievollen

Kleine Fische sind sehr freundliche, äußerst gefühlsbetonte Kinder. Sie sind natürlich mit einer gehörigen Portion Fantasie ausgestattet und leben häufig eine ganze Weile vollständig in ihrer eigenen Welt.

Manchmal muss man als Eltern darauf achten, ihnen zu zeigen, wie die Wirklichkeit aussieht.

Kreativität fördern

Ihre reiche Fantasie gibt den Fische-Kindern immer wieder eine Fülle von Geschichten ein, die natürlich in gar keiner Weise auf Tatsachen gegründet sind. Für diese Kinder ist es besonders bedeutsam, Möglichkeiten zu bekommen, um ihre kreativen Begabungen auszuleben. Sie müssen durch Vermittlung der Eltern entsprechende Betätigungen finden, in denen sie sich ausleben können. Dabei kann es sich um verschiedene Bereiche handeln, wie etwa den Tanz, den Malkurs oder das Kinder-Theater. Wichtig ist allein der kreative Ausdruck der Kleinen, den sie möglichst ungehindert entfalten sollten.

Erste Erziehungsschritte

Kleine Fische lieben weder Zurechtweisungen noch sind sie überhaupt leicht zu erziehen, da sie seitens ihrer Eltern häufig gar nicht zu erreichen sind. Sie leben in ihrer ureigenen Kinder-Fische-Welt.

Die Fische-Kinder lassen schon recht früh die Tendenz erkennen, ausweichende Antworten zu geben, wenn sie zur Rede gestellt werden. Eltern sollten darauf ein waches Auge haben, denn hier kann eine spätere Charakterschwäche möglicherweise schon früh vermieden werden.

Die Intuitiven

Kinder, die im Zeichen der Fische geboren wurden, sind leicht zu beeindrucken, da sie die Bedürfnisse anderer wie im Sog einziehen. Es sind keine Kinder, die logische Schlussfolgerungen ziehen, sondern sie werden eher aus ihrer Intuition heraus handeln. Eltern sollten hier prüfend beobachten, ob die Intuition der Kleinen wirklich schon so ausgebildet ist, dass sie sich darauf verlassen können. Andernfalls wäre ein sanfter Hinweis auf den zum Denken nutzbaren Kopf angebracht!

Die Hilfsbereiten

Fische sind schon im Kindesalter so überaus hilfsbereit, dass sie ihre eigenen Bedürfnisse ganz hinten anstellen und manchmal völlig erschöpft wirken, weil so vieles auf sie einströmt. Hier sollte ihnen geholfen werden, um die natürlichen Grenzen der eigenen Person zu erkennen.

Das schwache Selbstbewusstsein

Fische-Kinder sind nur in den seltensten Fällen mit einem starken Selbstbewusstsein ausgerüstet. Aus diesem Grund benötigen sie viel Lob und Anerkennung seitens der Eltern oder Verwandten. Wenn ihnen dies reichlich gegeben wird, entwickeln sie mit der Zeit ein gewisses Zutrauen zu den eigenen Leistungen, was von entscheidender Bedeutung für kleine Fische ist.

Die Gefahren unserer Zeit

Es erfordert viel Fingerspitzengefühl, um einem Fische-Kind, das vielleicht gerade ein gewisses Selbstvertrauen aufgebaut hat, die Gefahren unserer Zeit vor Augen zu führen, ohne das mühsam Erreichte wieder zu zerstören.

Da aber gerade Fische-Kinder besonders beeinflussbar sind und selten Gefahren direkt erkennen, kann man an diesem Problem nicht einfach vorübergehen. Die Eltern von Kindern, die im Zeichen der Fische geboren wurden, müssen außerordentlich achtsam sein, um die Kleinen auf mögliche Gefahren in der Gesellschaft rechtzeitig und gründlich aufmerksam zu machen.

Die kleinen Großzügigen

Schon im Kindesalter zeigen Fische ihre natürliche Großzügigkeit. Das Taschengeld rinnt ihnen nur so durch die Finger, wobei sie es nicht einmal selbst verbrauchen, sondern es gibt immer jemanden, den sie gerade „unterstützen" müssen.

Leider wird diese so liebenswerte soziale Ader der kleinen Fische von anderen Kindern oft schamlos ausgenutzt. Bleibt zu hoffen, dass dieser Wesenszug trotzdem erhalten bleibt.

Die Zerstreuten

Fische haben schon im frühen Kindesalter Züge von einem „zerstreuten Professor". Sie können sich nur schwer konzentrieren und werden ausgesprochen schnell von irgendwelchen Ereignissen abgelenkt.

Da ihre Aufmerksamkeit überall ist, nehmen sie auch zahllose Energien auf, die sie nur schwer innerlich zu ordnen vermögen.

Das Problem mit der Ordnung

Schon im Kindesalter erweisen sich die Fische als kleine Chaoten. Ordnung ist ein Wort, mit dem sie so ihre liebe Mühe haben, und bestimmt kein ausgeprägter Wesenszug von ihnen.

Das Kreativ-Spielzeug

Die mit viel Fantasie begabten kleinen Fische kann man mit sogenanntem „Kreativ-Spielzeug" wirklich beglücken. Sie benötigen dazu selten klare Vorgaben, was man damit alles anstellen kann. Fische verfügen über genügend Einfallsreichtum, um aus nichts etwas zu machen.

Für kleine Fische wäre anthroposophisches (Waldorf-) Spielzeug eine wirklich empfehlenswerte Wahl. Sie können damit ihr kreatives Potenzial auf sehr natürliche Weise entfalten.

Geschichten

Fische-Kinder lieben fantasievolle Geschichten, die sie nur zu gerne selber noch ein wenig weiterspinnen. Allerdings sind diese zarten Geschöpfe sehr empfindlich, wenn es um Gewalt geht. So manches Märchen der Gebrüder Grimm hat den feinfühligen kleinen Fischen schon böse Träume und schlaflose Nächte beschert, wobei sie damit ohnehin schon genügend Probleme haben.

Die Träume

Eltern sollte gerade bei Fische-Kindern sorgfältig auf die Träume achten, die ihnen vielleicht am Frühstückstisch erzählt werden. Gerade bei kleinen Fischen enthalten die Träume in vielen Fällen klare Botschaften aus dem Unterbewussten und deuten bestimmte seelische Prozesse bei den Kindern an.

Achtsamkeit auf das Traumleben könnte bei der Erziehung von Fischen ein hilfreiches pädagogisches Mittel sein.

Der Kindergarten

Die ersten Schritte im Kindergarten werden für die kleinen Fische keine leichte Zeit sein. Da sie meistens sehr introvertiert sind, benötigen sie einige Zeit, um sich einzugewöhnen und nicht mehr vor dem Unbekannten zurückzuschrecken.

Mit der Zeit jedoch werden sie sich eingewöhnen und die Angebote, die ihnen der Kindergarten in Form von neuen Spielen und Materialien bietet, gerne annehmen.

Die Schulzeit

• Die Lieblingsfächer

Nachdem der Fisch sich in der Schule eingelebt hat – und das kann eine Weile dauern –, werden sich seine Begabungen anhand seiner Leistungen schnell erkennen lassen. Manche Fächer begeistern ihn sofort, andere weniger. Vor allem jene Fachgebiete, bei denen die Kreativität die entscheidende Rolle spielt, werden seine Zuneigung finden.

Die rein logischen Unterrichtsstoffe werden kaum sein Interesse finden, dazu fehlt es den Fischen einfach an Rationalität.

• Das Lehrer-Problem

Bei Fische-Kindern kann es leicht geschehen, dass ihnen ein Lehrer Unbehagen oder gar Angst einflößt. Dann kommt eine schwierige Situation auf die Eltern zu; denn in so einem Fall schaltet das kleine Fischlein vollständig ab und ist nur noch körperlich im Unterricht anwesend.

Wenn so eine Situation auftritt, kann den Eltern nur geraten werden, frühzeitig mit dem Lehrer oder der Lehrerin in Kontakt zu treten, um in gemeinsamen Gesprächen eine Lösung für diese unbefriedigende Situation zu finden.

• Alternative Schulsysteme

Gerade Fische-Kinder sind in den meisten Fällen zart besaitet und mit einem großen schöpferischen Potenzial ausgestattet, welches in der Regelschule wenig Beachtung findet. Vor allem für diese Kinder können die alternativen Schulsysteme eine wirkliche Hilfe darstellen.

• Kontakt zur Gruppe

Ermutigen Sie Ihr Fischlein, sich dem Schulchor, der Kinder-Theater-Gruppe oder der Schulverschönerungs-Gruppe anzuschließen. Für die kleinen Fische wäre es besonders wichtig, neben dem reinen Schulbetrieb auch noch andere Erfahrungen zu sammeln und mit anderen zusammenzuarbeiten. Zudem können diese Aktivitäten dazu beitragen, ihr schöpferisches Potenzial zu entfalten.

• Das Drogenproblem

Bei etwas älteren Fische-Schülern sollten Sie als Eltern ein waches Auge auf das Drogenproblem in ihrer Schule haben. Sprechen Sie schon früh mit einem Fisch über die Gefahren und Probleme des Drogenmissbrauchs. Ein Fisch neigt stärker als andere Sternzeichen zu Abhängigkeiten, doch eine rechtzeitige Aufklärung vermag hier größeren Schaden zu verhindern.

Fische-Kinder und ihre Spielgefährten

• Die Tagträumer

Der kleine Fisch sitzt manchmal da und tut nichts. Er ist ganz mit seinen Tagträumen beschäftigt. Lassen Sie ihn, er braucht diese Zeit ganz für sich allein.

Das Einzige, was Sie für die träumerischen Fische tun können, ist, sie ab und zu zu ermutigen, sich in kreativen Spielen auszutoben.

Wenn es zusätzlich noch Kinder im Kindergarten oder in der Nachbarschaft gibt, mit denen der kleine Fisch entsprechende Spiele spielen kann, umso besser.

• Reiten und schwimmen

Für viele Fische sind Reiten und Schwimmen die beiden absolut beliebtesten Freizeitbeschäftigungen. Allerdings werden sie beides immer nur aus Spaß an der Freude betreiben, niemals als Leistungssport.

Wettkämpfe sind grundsätzlich nichts, was Fische besonders schätzen oder wo sie eine ausgeprägte Stärke hätten.

• Die Wählerischen

Fische sind absolut wählerisch, was ihre Freunde betrifft. Sie bleiben eher allein, als sich aus lauter Einsamkeit Freunden anzuschließen, die ihnen eigentlich nicht besonders liegen.

• Die Scheuen

Fische-Kinder sind sehr schnell zu verschrecken; und ein grobes, ungerechtes oder unfaires Verhalten seitens ihrer Spielkameraden kann ganz schnell dazu führen, dass sie beschließen, mit diesen Kindern keinen Kontakt mehr zu pflegen.

Kapitel 7

Freizeit

Die Reiseländer der Fische

• Portugal

Fische werden praktisch alle Länder lieben, die am Meer liegen. Meere und Ozeane sind ihr natürliches Zuhause.

Portugal ist eines jener Länder, die Fische besonders liegen. Es hat noch etwas von jener schlafenden Schönheit, die andere Länder schon verloren haben. Fische würden sich gerne aufmachen, um durch das Land zu streifen und so Schritt für Schritt seine verborgenen Schätze zu entdecken.

• Skandinavien

Die skandinavischen Länder, Finnland, Norwegen und Schweden, sind bevorzugte Reiseländer für alle Fische. Die stillen Buchten und die verwunschenen Fjorde sind geradezu perfekte Idyllen für alle Fische. Zudem können sie sich dort nach Herzenslust an allen denkbaren Fischsorten erfreuen.

Zusätzlich zu den Naturschönheiten fesselt den Fisch natürlich auch das mythische Skandinavien mit seinen Geschichten über Trolle und Elfen, Erdmännchen und Wassergeister.

Das Mittelmeer

Für „europäische Fische“, für die Hawaii ein wenig weit entfernt ist, wird das Mittelmeer natürlich das beliebteste Wasserparadies sein. Vor allem werden Fische die Inseln lieben, Malta etwa oder Zypern. Je kleiner die Inseln und je romantischer die Buchten, desto mehr wird der Fisch sich geborgen und „zu Hause“ fühlen.

Und natürlich wird er keine Gelegenheit auslassen, um zu schwimmen und zu tauchen, zu schnorcheln und Wasserski zu fahren. Auch Kreuzfahrten zu den verschiedenen Mittelmeerinseln würden Fische mit Begeisterung buchen.

Kalabrien

Wenn überhaupt Italien, was den Fischen manchmal schon etwas zu überlaufen ist, dann wenigstens Kalabrien. Hier können Fische in versteckten Buchten oder an stillen Stränden noch etwas vom ursprünglichen Charme Italiens erahnen.

Neben der zauberhaften Schönheit Kalabriens wird die Fische natürlich auch die gute Küche anziehen, die wahrscheinlich in Italien besser sein wird als etwa in Portugal. Ein Argument, das ein Fisch nicht ganz aus den Augen verlieren wird, wenn er seinen Urlaub bucht.

Die Fische und ihre Hobbys

• Religion

Die mystischen Fische werden immer in irgendeiner Weise mit religiösen, spirituellen, mystischen oder esoterischen Themen befasst sein. Alles, was in das Gebiet der Grenzwissenschaften hineinreicht, zieht den Fisch geradezu magisch an.

Da Fische aber immer mit dem Problem der Abhängigkeit zu kämpfen haben, müssen sie stets darauf achten, nicht irgendeiner obskuren Sekte zu verfallen.

Fische sollten sich stets die alte Weisheit vor Augen halten: Prüfet alles und behaltet nur das Beste!

• Bücher

Fische können regelrechte Bücherwürmer werden, wenn sie aus der Außenwelt in die Gedankenwelt ihrer Bücherhelden oder Liebesheroen entfliehen. So können sie sich stundenlang in ihrer Gedankenwelt aufhalten, ohne zu bemerken, was im wirklichen Leben vor sich geht.

• Kino

Fische sind auch ausgesprochene Kino-Gänger. Weibliche Fische werden dabei die großen Liebesschnulzen bevorzugen, während Männer durchaus auch ein Faible für den Western entwickeln können. Dabei geht es ihm nicht um Action an sich, sondern um das Ehrenhafte, was die großen Marshalls oder Sheriffs verkörpern. John Wayne wäre dabei für die Fische ein Schauspieler ihrer Wahl.

Segeln und tauchen

Es braucht nicht extra erwähnt zu werden, dass alle Hobbys, die im und am Wasser ausgeübt werden können, naturgemäß Neigungen der Fische entsprechen. Hier sind sie in ihrem Element und hier geht es ihnen so richtig gut.

Tanz

Die Fische, welche die Musik lieben, sind zugleich in den meisten Fällen gute Tänzer. Dabei spielt es keine Rolle, ob es sich um Pop oder südamerikanische Rhythmen handelt. Da der Fisch auch ein guter Gitarrenspieler ist, könnte das Südamerikanische durchaus sein Herz erwärmen.

Yoga und Meditation

Schon im Bereich der Gesundheitsratschläge wurde den Fischen ans Herz gelegt, sich zur Entspannung und Regeneration mit Yoga und Meditation zu befassen. Viele Fische gehen dann gerne noch einen Schritt weiter und befassen sich tiefer mit den östlichen Versenkungstechniken. Je tiefer ihr Interesse wird, desto mehr Zeit sind sie bereit, für diesen Bereich aufzuwenden.

Eigentlich fällt dies dann nicht mehr unter Hobby, sondern schon eher unter Lebensphilosophie!

Kapitel 8

Der Mond und die Tierkreiszeichen

Allgemeines über den Mond

Der Mond benötigt knapp achtundzwanzig Tage (genau 27,32), um einmal um die Erde zu ziehen. Die gleiche Zeit braucht er, um sich einmal um die eigene Achse zu drehen.

Da der Mond selbst kein Licht abstrahlt, reflektiert er lediglich das Licht der Sonne. So hängen die sogenannten „Mondphasen" (Neumond, abnehmender Mond, Vollmond und zunehmender Mond) von seiner Position zu Erde und Sonne ab.

Wenn man davon spricht, dass z. B. der Mond eines Menschen im Widder steht, so ist damit der Stand des Mondes im Augenblick der Geburt dieses Menschen gemeint. Sie können diese Information Ihrem persönlichen Horoskop entnehmen, das Sie sich von einem Astrologen erstellen lassen, oder aus den gängigen Mond-Tabellen Ihres Geburtsjahres.

Neben dem Mond im persönlichen Horoskop gibt es natürlich noch die Mondphasen des täglichen Erdenlebens. Sie können also den Mond in Ihrem Horoskop im Schützen stehen haben, der heutige Tag dagegen zeigt den Mond in der Jungfrau. Sie können den täglichen Stand des Mondes leicht anhand der vielen Mond-Tabellen für das laufende Jahr ablesen.

Wer hat nicht schon einmal eine schlaflose Vollmondnacht verbracht oder anderweitig den Einfluss des Mondes gespürt? Wenn man etwa Kartoffeln an Tagen erntet, an denen der Mond im Stier steht, wird man feststellen, dass diese länger als im Vorjahr eine glatte Haut bewahren. Es empfiehlt sich zudem in

Gesundheitsfragen, etwa bei anstehenden Operationen, den Stand des Mondes zu beachten. Es wäre durchaus ratsam, einen anstehenden Zahnarzttermin um ein paar Tage zu verschieben!

Im nachfolgenden Text wird zuerst der Mond im Horoskop behandelt, danach der Einfluss des Mondes im täglichen Leben. Beides ist so leicht zu unterscheiden.

Der Mond im Widder

Unter dieser Konstellation finden wir Menschen, die mit ihrer ehrlichen Meinung nicht „hinter dem Mond" halten. Es sind die entschlossenen, mutigen Menschen, die ihre Unabhängigkeit sehr schätzen.

Allerdings kann es ein Problem mit ihrer Gereiztheit geben. Sie reagieren auf ein unglücklich gewähltes Wort schon einmal mit einem spontanen Wutausbruch.

Menschen mit einem Mond im Widder können, wenn sie unglücklich sind, eine unangenehme sarkastische Neigung entwickeln.

Frauen, die einen Mond im Widder haben, können starke männliche Anteile aufweisen, wenngleich es sich nicht gleich um militante Blaustrümpfe handeln muss!

Im täglichen Leben

Wenn der Mond im Widder steht, sind die Menschen häufig gereizter als normalerweise. Auch im Straßenverkehr tippt der Finger öfter an die Stirn als an anderen Tagen. Zudem ist Vorsicht an Kreuzungen angesagt!

Obwohl in der Regel an solchen Tagen die Dinge leichter von der Hand gehen, sollten Sie sich vor Stress hüten. In diesem Fall wären Kopfschmerzen vorprogrammiert.

Mit dem Mond im Widder haben Sie die Chance schlechthin, bei Ihrem Chef wegen einer Gehaltserhöhung vorstellig zu werden. Vorwärts – dem Mutigen gehört die Welt!

Sollten Sie ein freudiges Ereignis planen, so ist die Wahrscheinlichkeit, dass es ein Junge wird, sehr groß!

Wenn Sie gerne im Garten arbeiten, sollten Sie jetzt die Bäume beschneiden; auch das Düngen von Gemüse kann auf keinen besseren Zeitpunkt fallen. Gemüse, das schnell geerntet werden soll, stecken Sie am besten heute in die Erde. Vor allem die Tomaten sollten Sie unbedingt dann setzen, wenn der Mond im Widder steht.

• Der Mond im Stier

Die treuesten Seelen haben ihren Mond im Stier. Diese Menschen lieben die Behaglichkeit und Ruhe, denn sie sind unbedingt wichtig für ihren Seelenfrieden. Es sind sinnliche Ästheten, die allerdings ihre gewohnten Lebensrhythmen benötigen. Sie werden gerne verwöhnt, aber sie verwöhnen auch gerne andere. Sie haben eine feine Nase und die guten Düfte regen den Appetit an. Daher sind Menschen mit dem Mond im Stier nicht selten übergewichtig.

Der Stier ist ein Gewohnheitstier und Menschen mit dem Mond im Stier neigen zu ausgeprägten Gewohnheiten, die manchmal in einer ermüdenden Monotonie und Langeweile enden können. Dann werden sie richtig schwerfällig.

Im täglichen Leben

Wenn der Mond im Stier steht, beherrschen die langsamen Tätigkeiten den Tagesablauf. Es wird um Dinge gehen, die eine lange Ausdauer erfordern. Dafür werden Sie sich harmonisch und ausgeglichen fühlen, was die Arbeit erleichtert.

Steht der Mond im Stier, sollten Sie keine Mandel- oder Halsoperationen vornehmen lassen. Es würde Ihnen nicht gut bekommen!

Wollen Sie ein neues Haus kaufen oder einen Mietvertrag unterschreiben, dann warten Sie bitte, bis der Mond den Stier wieder verlassen hat. Sie könnten sich viel Ärger ersparen!

Sollten Sie heute vor einem freudigen Ereignis stehen, seien Sie sicher – es wird ein Mädchen.

Ruft Sie der Garten, sollten Sie jetzt dem Ungeziefer im Erdreich auf die Pelle rücken. Heute könnten Sie den Biestern richtig zusetzen!

Der Mond in den Zwillingen

Kennen Sie nicht auch jemanden in Ihrem Freundeskreis, dessen Redefluss kaum zu stoppen ist? Die Chancen stehen gut, dass er seinen Mond in den Zwillingen hat.

Solche Menschen benötigen einen regen Gedanken- und Gefühlsaustausch und geraten immer wieder in Situationen, die sie äußerst anregend finden.

Mit dem Mond in den Zwillingen haben wir einen vielseitigen, spritzigen und unternehmungslustigen Menschen vor uns, der immer wieder auch Schwung ins Leben anderer Menschen bringen kann. Gelegentlich wird Menschen mit dieser Konstellation unterstellt, sie seien oberflächlich; aber Sie werden kaum einen interessanteren Gesprächspartner finden.

Wenn Sie dringend eine Nachricht übermitteln müssen, das Telefon aber dauernd besetzt ist, dann quasselt an der anderen Leitung ein Zwillings-Mond. Fassen Sie sich in Geduld, es kann lange dauern!

Im täglichen Leben

Es ist die richtige Zeit, um neue Kontakte zu knüpfen. Wollten Sie nicht schon immer die netten neuen Nachbarn zum Essen einladen? Vielleicht sollten Sie auch etwas Lustiges, Ungewöhnliches für den Abend planen. Wie wäre es mit einem aufregenden Blind-Date?

Sie können mit dem Mond in den Zwillingen aber auch brav zu Hause sitzen und Ihren Studien nachgehen. Die Zeit dafür ist günstig.

Auch Briefe, die schon lange auf eine Antwort warten, könnten jetzt in Angriff genommen werden.

Ein glückliches Ereignis? Heute wird es ein Junge!

Ist Hausputz angesagt, werden die Fenster heute mehr glänzen als sonst, obwohl die ganze Sache scheinbar mühelos abläuft.

Lassen Sie sich jetzt nicht stoppen; es ist die richtige Zeit, um wieder einmal die ganze Wohnung kräftig durchzulüften.

Im Garten sollten Sie jetzt rankende Pflanzen säen.

Der Mond im Krebs

Die Krebs-Monde kennzeichnen die ganz zart besaiteten Wesen des Tierkreises. Sie nehmen alle Einflüsse auf wie ein feuchtes Tuch. Es sind Menschen mit einer ausgeprägten Feinfühligkeit, die aber gepaart ist mit außerordentlicher Launenhaftigkeit.

Mit dem Mond im Krebs braucht es enorm viel Geborgenheit, sonst gibt es Probleme. Mit dieser Konstellation kann es auch eine starke Furcht vor dem Unbekannten geben, und daraus entstehend eine gewisse Unbeweglichkeit.

Menschen mit dem Mond im Krebs sind ausgesprochen liebevoll und lesen ihren Mitmenschen alle Wünsche von den Lippen ab. Allerdings können sie sich auch stark anklammern und festhalten.

Im täglichen Leben

Heute sollten Sie Besuch einladen und ihn verwöhnen, er wird es Ihnen danken. Servieren Sie aber kein schweres Essen, denn an diesen Tagen ist der Magen sehr empfindlich!

Lassen Sie die Seele baumeln, denn es ist nicht unbedingt die Zeit, um Bäume auszureißen und Berge zu versetzen. Es ist besser, Sie widmen sich Ihrer Familie.

Sollten Sie sich jetzt einsam fühlen, nehmen Sie sich selbst nicht zu ernst, in wenigen Tagen oder Stunden schaut die Welt schon wieder ganz anders aus; denn es ist keine schlechte Zeit für den Beginn einer neuen romantischen Liebe. Allerdings sollten Sie sich vor zu großer Empfindlichkeit hüten. Dafür ist später auch noch Zeit!

Ein glückliches Ereignis – heute wird es ein Mädchen!

Sollten Sie nicht gerade dem Hausputz frönen, packen Sie Ihre Sachen, gehen schwimmen und anschließend in die Sauna, es ist genau der richtige Zeitpunkt für solche Aktivitäten.

Und weil wir schon bei den feuchten Aktivitäten sind, heute ist ein guter Waschtag. Die hartnäckigen Flecken können Sie heute endlich entfernen!

Der Mond im Löwen

Die Löwe-Monde sind die Menschen mit dem sonnigen Gemüt. Sie können jugendlich verspielt sein; und sie sind großzügig in allen Lebensbereichen. Sie sollten aber beachten, dass diese Menschen im Mittelpunkt stehen wollen, das ist für sie sehr wichtig!

Sie strahlen viel Herzenswärme aus und verfügen über einen angeborenen Beschützerinstinkt. Sie werden auch feststellen, dass die Löwe-Monde ganz automatisch eine Führungsrolle einnehmen und sich damit ganz prächtig fühlen. So wollen sie es haben! Für ihre Mitmenschen ist dieses „Ich-bin-so-toll"-Gefühl allerdings nicht immer leicht zu ertragen und die Arroganz der Löwe-Monde ist manchmal schwer auszuhalten.

Im täglichen Leben

Munter hinein ins Vergnügen! Feste, Partys und sportliche Aktivitäten werden unter dieser Konstellation großgeschrieben. Sie sollten allerdings darauf achten, es nicht zu übertreiben. Es gibt Seitensprünge, die einem später Kopfschmerzen bereiten!

Wenn Sie unter das Messer müssen, dann bitte heute keine Herzoperationen. Überhaupt sollten Sie bei dieser Mond-Konstellation auf Herz und Kreislauf achten!

In Ihrem Umfeld können Sie heute Ihre Kompetenz beweisen. Stellen Sie also gerade heute Ihr Licht nicht unter den Scheffel!

Wenn Sie ausgehen wollen, wären Oper oder Theater die erste Wahl.

Ein freudiges Ereignis geplant? – Heute wird es ein Junge!

Und nicht vergessen: Heute Körperpflege betreiben und vor allem Haare schneiden. Sie werden überrascht sein!

Der Mond in der Jungfrau

Die Ordnung hält Einzug. Es findet sich Systematik und sorgfältige Planung in allen Lebensbereichen.

Menschen mit dem Mond in der Jungfrau zählen zu den „Dienern des Lebens“. Sie betrachten andere und stellen fest, dass sie selbst nur an zweiter Stelle stehen. Manchmal kommt dann Neid auf, aber letztlich siegt die Vernunft.

Unter dieser Konstellation kann es zu einer gewissen Kritiksucht kommen, die äußerst unangenehm auf die Mitmenschen wirkt.

Zudem kommen die Jungfrau-Monde mit einer gewissen distanzierten Kühle daher, was sie etwas unnahbar wirken lässt. Oft findet sich dahinter aber eine große Tiefe und Gefühlsintensität. Wenn sie sich öffnen könnten und spontaner wären, würde sich das Leben von einer leichteren Seite zeigen.

Im Körper können sich die Eingeweide und die Nerven melden – es ist dann Zeit zum Entrümpeln der Psyche. Frisch und mutig an die Arbeit!

Im täglichen Leben

Es ist wahrlich nicht der Tag für die romantischen Treffen bei Kerzenschein. Der Besuch bei der alten Tante im Altersheim ist angesagt – sie wird es Ihnen danken. Dienen ist Trumpf!

Besser, Sie schaffen heute Ordnung oder belegen einen Kochkurs, denn es ist nicht die Zeit für spontane Einfälle! Wartet nicht schon lange Ihre Steuererklärung auf Sie?

Ein freudiges Ereignis geplant? – Es wird ein Mädchen!

Im Haus sollten Sie die Haare schneiden; draußen die Balkonpflanzen setzen. So ist die Zeit gut genutzt!

• Der Mond in der Waage

Die Zeit der Aussöhner und Schlichter ist gekommen! Die Waage-Monde sind geradezu süchtig nach Harmonie. Bei Streiks sollten die Schlichter grundsätzlich nur mit einem Waage-Mond zugelassen werden!

Im Körper kann es bei dieser Mond-Stellung zu starken Hautreaktionen kommen, auch die Nieren sollten im Auge behalten werden.

Es sind Menschen, die der Schönheit sehr zugeneigt sind. Häufig finden wir hier auch äußerst begabte Künstler, die allerdings Schwierigkeiten haben, sich genau festzulegen. Die Waage pendelt immer hin und her. Waage-Monde müssen lernen, sich zu entscheiden und Abhängigkeiten zu vermeiden.

Im täglichen Leben

Gehen Sie Ihren gesellschaftlichen Interessen nach und genießen Sie das Leben. Es ist die richtige Zeit für einen Stadtbummel.

Heute ist das Selbstbewusstsein etwas schwach ausgeprägt und Entscheidungen fallen Ihnen schwerer als sonst. Warten Sie einfach, bis der Mond in den Skorpion wechselt. So lange dauert das ja nicht!

Verschönern Sie inzwischen Ihre Wohnung. Sie werden sie selbst nicht wiedererkennen.

Wenn Sie nach draußen gehen oder im Haus herumrennen, vergessen Sie die warmen Socken nicht, Ihre Blase wird es Ihnen danken!

Ein freudiges Ereignis geplant? – Es wird ein Junge!

Der Mond im Skorpion

Die Skorpion-Monde haben ein ausgeprägtes Durchsetzungsvermögen, das bis zur Rücksichtslosigkeit gehen kann. Sie sind entschlossen und bevorzugen große Unabhängigkeit in ihrem Gefühlsleben. Es sind oft sehr verschlossene Menschen, die aber durch ihr Wesen die Belastbarkeit und Gefühlswelt ihrer Mitmenschen prüfen. Sie können gar nicht anders; und sie kennen dabei keine Grenzen.

Mit dem Mond im Skorpion haben Sie die Gabe, unbewusst die Fehler Ihrer Mitmenschen zu erfühlen und direkt zur Sprache zu bringen. Das macht Sie nicht unbedingt zu jedermanns Liebling!

Die Skorpion-Monde sind faszinierende, geheimnisvolle Menschen, die man nie ganz versteht. Daher kommt der Ausdruck vom Skorpion-Blick, der tief in die Seele zu schauen scheint. Aber man kann nicht in die gleiche Tiefe zurückschauen!

Im täglichen Leben

Haben Sie bestimmte Gefühle lange verdrängt, so kommen diese an Skorpion-Tagen an die Oberfläche und machen Ihnen und anderen zu schaffen. Trotzdem können Sie heute alle anstrengenden Arbeiten gut erledigen.

Achtung: Heute ist alles explosiver als sonst – auch im Bett!

Skorpion-Tage sind gut für Füllungen beim Zahnarzt, wobei es möglichst zunehmender Mond sein sollte! Auch die Dauerwelle hält heute einfach länger und strapaziert die Haare weniger. Es sollte sich auch möglichst zunehmender Mond am Himmel zeigen.

Ein freudiges Ereignis geplant? – Es wird ein Mädchen!

Im Garten reagieren die Pflanzen an diesen Skorpion-Tagen besonders gut auf den Dünger; allerdings sollte dabei abnehmender Mond sein.

• Der Mond im Schützen

Menschen mit dieser Mondstellung suchen nach dem Sinn des Lebens. Sie sind erfüllt von einem ausgeprägten Idealismus und für die „wahre" Sache setzen sie sich mit allen Kräften ein. Sie fühlen sich in der Welt der Philosophie zu Hause.

Sie verfügen über die Fähigkeit, andere durch ihren Idealismus mitzureißen, ohne dabei auf ihre Überredungskünste zurückgreifen zu müssen. Sie überzeugen einfach durch ihr Dasein!

Es sind freie Seelen, denn die Freiheitsidee ist ihnen schon in die Wiege gelegt worden! Manchmal sind ihre Höhenflüge allerdings unrealistisch; doch ohne sie könnten die Schützen-Monde einfach nicht leben.

Im täglichen Leben

Wenn Sie eine interessante Kurzreise planen – jetzt ist der richtige Zeitpunkt. Auch für schwierige Gespräche ist jetzt ein guter Zeitpunkt, denn Toleranz ist angesagt. Wollten Sie nicht schon lange Ihre „geliebte" Schwiegermutter anrufen?

Hüten Sie sich vor zu großen Versprechungen; denn wenn der Mond in den Steinbock wandert, schaut die Welt schon wieder ganz anders aus!

Es ist ein Tag, um nach innen zu gehen und über die großen Lebensfragen zu meditieren. Heben Sie aber bitte nicht ab!

Vielleicht wollen Sie sich auch um einen neuen Job bemühen oder nur eine Gehaltserhöhung fordern – heute ist Ihr Tag!

Wenn Ihnen nichts anderes einfällt, dann gehen Sie einfach wieder einmal ins Museum oder rufen einen vernachlässigten Freund an. Dann ist die Zeit genutzt.

Ein freudiges Ereignis geplant? – Es wird ein Junge!

Im Garten sollten Sie, bei abnehmendem Mond, den Rasen mähen oder das Gemüse düngen.

Der Mond im Steinbock

Menschen mit dieser Mondstellung unterliegen einem inneren Ehrgeiz, der sie einem starken Druck aussetzt. Sie legen an sich selbst enorm strenge Maßstäbe an, denen sie dann manchmal selbst nicht gewachsen sind. Sie wirken unnahbar, da sie ihr Gefühlsleben sehr stark kontrollieren. Es handelt sich bei dieser Konstellation um Einzelkämpfer, die allein sich selbst Vertrauen schenken. Ihre Gefühlswelt scheint gar nicht zu existieren, daher wirken sie auf andere kalt und fast wie erstarrt.

Für Steinbock-Monde wäre es lebenswichtig, aus einer selbst angelegten Zwangsjacke auszubrechen und sich zu befreien!

Im täglichen Leben

Wollen Sie eine Lebensversicherung abschließen, so ist diese Mondstellung eine hervorragende Ausgangslage.

Es ist nicht gerade eine Zeit für ausgelassene Feste, Pflichten sind eher angesagt. Da aber gegenwärtig die persönlichen Wünsche und Sehnsüchte ohnehin nicht im Vordergrund stehen, lässt sich alles bewältigen.

Zudem wird man an diesen Steinbock-Mondtagen ohnehin nicht leicht unter Ermüdung leiden.

Haut und Nägel sollten bei abnehmendem Mond gepflegt werden, auch die Zahnreinigung wäre keine schlechte Geschichte. Ab zum Zahnarzt!

Ein freudiges Ereignis geplant? – Es wird ein Mädchen!

Im Garten ist Unkrautjäten bei abnehmendem Mond angesagt; bei zunehmendem Mond sollte dagegen umgetopft werden!

• Der Mond im Wassermann

Hier treffen wir die Weltverbesserer, denn die Menschen mit dem Mond im Wassermann sind mit einem starken Gerechtigkeitssinn ausgestattet. Freiheit ist die Grundstimmung, die ihr Leben prägt und auf der sie alle Aktivitäten aufbauen. Sie schneiden die alten Zöpfe ab und leiten Reformen ein.

Es können ruhelose Geister sein, die innerlich ständig angetrieben werden und auf der Suche nach der Wahrheit sind. Ihre rastlose Suche lässt sie aber Ideen für eine neue Zeit entwickeln. Darunter kann dann auch schon einmal eine „verrückte" Idee sein.

Mit dem Mond im Wassermann sind Sie ständig auf Achse. Langeweile und Eintönigkeit bringen Sie um! Sie brauchen das Ungewöhnliche zum Leben.

Durchblutungsstörungen und Kreislaufprobleme sollten Sie bei dieser Mond-Stellung ernst nehmen!

Im täglichen Leben

Es ist die Zeit für Teamarbeit! Gemeinsame Ideen können ein fantastisches neues Projekt auf den Weg bringen.

Vielleicht wollen Sie aber auch nur den Keller entrümpeln oder die Fenster putzen. Bei abnehmendem Mond wären das die richtigen Aktivitäten!

Joggen oder Tanzen könnten Ihnen auch zusagen, denn die Energie stimmt!

Bei zunehmendem Mond können Sie auch an die neuen Zahnfüllungen denken. Jetzt passen sie!

Ein freudiges Ereignis geplant? – Es wird ein Junge!

Im Garten können Sie bei Vollmond und bei abnehmendem Mond die Blumen düngen.

• Der Mond in den Fischen

Menschen mit einem Fische-Mond zeichnen sich durch eine liebevolle Aura aus, die es anderen Menschen erleichtert, ihnen Vertrauen zu schenken. Sie strahlen Freundlichkeit und Hilfsbereitschaft aus, die gerne in Anspruch genommen werden.

Es sind tiefe Seelen, deren unergründliche Seelenwelten von der Außenwelt oft nicht erkannt werden, da sie sich ganz in ihrer eigenen Welt abspielen. Der innere Ozean der Fische-Menschen!

Unter allen Mond-Typen sind sie die feinfühligsten, daher haben sie die größten Probleme mit dem Leiden anderer. Ähnlich den Krebs-Monden können sie sich nur schwer abgrenzen.

Manchmal versäumen sie vor lauter Träumerei das „richtige" Leben. Sie müssen Boden unter den Füßen fassen und ihr Selbstvertrauen verbessern.

Im täglichen Leben

Das große Gefühl ist angesagt. Nehmen Sie sich alle Taschentücher und schauen Sie sich im Kino die großen Liebesschnulzen an. Es ist die richtige Zeit, um sich total auszuheulen!

Instinkte und Gefühle bestimmen in diesen Tagen alles Leben; und Sie werden auch spüren, wenn jemand Ihre Hilfe benötigt. Heute können Sie diese ganz mühelos verschenken.

Entspannungsübungen und Massagen werden sich jetzt als besonders wirksam erweisen.

Waschen und Saunabesuche sind bei abnehmendem Mond anzuraten; auch ein Zahn könnte, wenn es denn sein muss, jetzt gezogen werden.

Ein freudiges Ereignis geplant? – Es wird ein Mädchen!

Kapitel 9

Berühmte Fische

Berühmte Frauen

• Cindy Crawford *(geb. 20.2.1966)*

Die Ex-Frau von Richard Gere zählt sicher zu den schönsten Frauen der neunziger Jahre in Hollywood. Obwohl von der Boulevardpresse immer als „nur schön" dargestellt, verfügt sie trotzdem über viel Tiefgang und befasste sich in der Zeit mit Richard Gere intensiv mit dem Buddhismus.

• Karin Dor *(geb. 22.2.1936)*

Karin Dor war in den sechziger und siebziger Jahren der Filmstar in allen Edgar-Wallace-Filmen. Dabei kann es nicht verwundern, dass diese mystische Fische-Frau immer die Rolle der geheimnisvollen Unbekannten oder der undurchschaubaren Frau im Hintergrund zu spielen hatte.

• Ornella Muti *(geb. 9.3.1955)*

Neben Sophia Loren der italienische Filmstar, der das Element des Weiblichen in Vollendung verkörperte. Mehr als die Loren verfügt die Muti dabei über ein mystisches Element, das sie immer ein wenig geheimnisvoll wirken lässt. Eine Frau mit unerkannten Tiefen!

• Nina Hagen *(geb. 11.3.1955)*

Die etwas verrückte „Okkult-Nudel“ des Show-Geschäfts. Ob sie von Außerirdischen oder von Jesus spricht, immer kommt in ihren Auftritten der spirituelle Bereich zum Ausdruck. Auch wenn es manchmal etwas konfus und unreflektiert wirkt, dürfte Nina Hagen im Tiefsten ihres Wesens doch ein ernstes Anliegen haben.

Berühmte Männer

• George Harrison *(geb. 25.2.1943)*

Ohne Zweifel war George der mystischste der vier Beatles. Er praktizierte sein Leben lang Meditation und war stets mit seinem indischen Lehrer verbunden. Sein Klassiker „My Sweet Lord“ zählt nicht zu Unrecht als der schönste religiöse Song der ganzen Pop-Geschichte.

• Heinz Rühmann *(geb. 7.3.1902)*

Der große alte Mann des deutschen Films war vielleicht der deutsche Schauspieler, der im Alter zu einem echten Weisen wurde. Wer seine ganz späten Auftritte im Fernsehen verfolgen konnte, spürte, hier war jemand, der ein wenig mehr vom großen Geheimnis des Lebens erkannt hatte!

Ein wunderbarer Schauspieler und ein großartiger Mensch!

• Albert Einstein *(geb. 14.3.1879)*

Von allen großen Physikern der Neuzeit war Einstein vielleicht der religiöseste, was bei der grundsätzlichen Spiritualität vieler großer Physiker schon etwas heißen soll. Einstein hatte neben seinem Bett immer ein Exemplar der „Geheimlehre" liegen, jenem klassischen Werk der modernen Esoterik.

Ein überragender Wissenschaftler und ein tief spiritueller Mensch!

Die Autoren

Petra Michel (Sternzeichen: Krebs, Aszendent: Löwe, Mond: Skorpion). Physikstudium, danach führende Stellung in der deutschen Industrie. Langjähriges Astrologiestudium, unter anderem bei Huber und Claude Weiss. Heute Leiterin eines Verlages in den USA.

Annette Wagner (Sternzeichen: Krebs, Aszendent: Schütze, Mond: Zwillinge). Eurythmiestudium, danach Tätigkeit in der Wirtschaft. Langjähriges Astrologiestudium. Seit zehn Jahren Prokuristin in der Verlagsindustrie.

Dr. Peter Michel (Sternzeichen: Krebs, Aszendent: Löwe, Mond: Schütze). Studium der Philosophie, Theologie und Religionswissenschaft, danach Gründung des Aquamarin Verlages. Autor zahlreicher Sachbücher zu den Themen Mystik und Esoterik.